だから、キミの成績は上がらない

UNIVERSITY ENTRANCE EXAMINATION

# 大学受験は勉強法が9割

## 英語攻略編

武田塾塾長
林 尚弘
NAOHIRO HAYASHI

武田塾教務主任
中森泰樹
TAIKI NAKAMORI

共著

太陽出版

# はじめに

　勉強方法にはシンプルなスキルがあります。
　それは、**大事なことから丸暗記**していくことです。でも、それには要領の良さが必要な上に、**自学自習は簡単じゃない**。過酷で険しい道のり……。だからつい誰かに聞いてしまいます。

　「実力以上の大学に合格するには、どうやって勉強したらいいの？」という疑問を持つ受験生はたくさんいるのです。この疑問に対する答えとしては、「予備校の授業を一生懸命聴くんだ！」とか、「この参考書をやればいい！」と言われることが多いと思います。
　しかし、そんなこと言われたって、どの授業をどうやって**受けたらいいか**わかりませんし、**参考書の解き方、使い方、復習の仕方**がわからないですよね。

　勇気を出して質問しているのに、返ってくる答えはいつもハッキリしないものばかり。そんな経験のある受験生がたくさんいると思います。
　だから、私はこの本で「何を、どうやって、どのように自分で勉強すると受かるのか」を書きました。この本の通りにやってくれれば伸びます。私が受験生だった時に、困ったことを全部書きました。
　第1部では大ヒット著作「予備校に行っている人は読まないでください！」で明らかにした**真実の勉強方法**の復習や、勉強が苦手な受験生でも逆転できる**奇跡の勉強法**を、第2部では具体的にどのように勉強を進めていくのか、参考書のやり方などを教科別に書きました。

　まったく勉強方法のわからない、どうしても志望校に受かりたいけ

れども、通っている高校は進学校でもないし、偏差値が40ぐらいしかない高校3年生の「のびおくん」が私に受験の相談をしてきました。のびおくんは模試を受けたり、予備校の講習講座を受けたり、参考書を買ったりしているようですが、どうしたら早稲田とか慶應に**受かるか**がわからないようです。そろそろ高校3年生になるという時、ブログで見つけた私のところに相談に来ました。

　のびおくんは、なぜ偏差値が40ぐらいしかないのか。そんな進学校でもないのに1年で早慶を狙うことができるのか。そして勉強ってどうやると**効率的**なのか。あなたはちゃんと解っていますか？　そして**自学自習を実践**できていますか？
　成績の良い人は読まなくていい本です。勉強方法が自分にあっているのか解らない、偏差値が上がらないという人だけ、この私とのびおくんの受験相談の様子から学んでください。

武田塾塾長・林　尚弘

# 目 次

## 第1部　勉強法が9割

### 1. 授業を受けるだけでは、成績は伸びない
  1. 成績のいい、悪いは、どこが違う    9
  2. 勉強には、三段階ある    10
  3. 一分野一冊さえ究めれば    10
  4. 予備校の落とし穴    11
  5. 勉強しているつもりでも    12

### 2. 英単語ターゲット1900の覚え方
  1. 英単語の覚え方    19
  2. 自分の適量を考えよう    24
  3.「1日分の覚え方」のモデルケース    27
  4. 覚えるための計画表    32

### 3. 完璧な丸暗記方法
  1. 英単語が覚えられれば、受験は勝ち    41
  2. 英単語の覚え方を利用する    43

### 4. 忘却曲線でわかる復習のタイミング
  1. なぜ復習が必要なのか？    51
  2. 復習のタイミングが決め手    55

### 5. ×印をつける勉強方法
  1. 効率的な勉強方法    59
  2. できないものに集中的に時間を割く    61

## 第2部　英語こそが合格のベース

### 1. なぜ英語が重要なのか
  1. 英単語の覚え方はすべての基本    69

2. 英語はやることが多い　　　　　　　　　　　70
　　3. 結果を出しやすい教科、出しにくい教科　　71
　　4. もし英語ができれば　　　　　　　　　　　72

2. 英語ができるということ
　　1. 武器をそろえる　　　　　　　　　　　　　73
　　2. 長文が読める、解ける　　　　　　　　　　74
　　3. 初見の問題が解ける　　　　　　　　　　　75
　　4. 志望校に合わせた対策ができる　　　　　　77

3. 過去問の使い方
　　1. 過去問を解いたら点数は上がるのか？　　　79
　　2. できない部分を分析しよう　　　　　　　　80

4.「受かりそうな人」と「受かる人」
　　1.「できる」の基準　　　　　　　　　　　　　83
　　2.「受かりそうな人」の中で差をつけるためには　85
　　3. 難しい1点のために、簡単な5点を落とす　　86

5. 英語のやり方がわかったら
　　1. 他教科の勉強にどう活かすか　　　　　　　87
　　2. スケジュールを立てよう　　　　　　　　　89
　　3. 合格までの道が見える！　　　　　　　　　89

## 実践編1　自分に最適な一冊を見極める

　　あなたの実力は、どの段階？　　　　　　　　91

## 実戦編2　分野別対策のための参考書

　　1. 分野別対策とは？　　　　　　　　　　　　104
　　2. どんな対策があるか？　　　　　　　　　　105
　　3. 分野別対策の注意点　　　　　　　　　　　106

# 第1部　勉強法が9割
中学レベルの学力から、早慶を目指す最強の勉強法

林　尚弘

- 予備校では、デキる生徒以外は合格しない！
（授業料割引きを受けられない人は、落ちる可能性が高い）
- 授業を受けただけでは、成績が伸びない！
- 理解、再構築、記憶の『学習の三段階』が重要！
- 集団授業には、ペース、方法、カリキュラムなどに、さまざまな問題点がある！

# 1. 授業を受けるだけでは、成績は伸びない

---
### この章のポイント
---

第一段階　理解（わかる）
（授業を受けたり、参考書を読んでわかること）
第二段階　再構築（やってみる）
（問題を解いたり、覚えているかを確認すること）
第三段階　記憶（覚える）
（何度も復習し、間違えた問題を解きなおすこと）

---

## 1. 成績のいい、悪いは、どこが違う

　私は、200万円も授業料を払って予備校に4年間通い、たくさんの授業を受け続けました。それなのに成績が伸び悩んだ経験から、**授業では成績が伸びない**と確信しています。だから読者のキミも、授業を受けているだけじゃ、絶対に成績は伸びません。

　毎日6時間、真面目に高校で授業を受けているだけの人の偏差値は、だいたい40ぐらい。でも、同じテキスト・教科書を使って、同じ授業を受けているのに、クラスメイトには、**成績がいい人**も**悪い人**もいます。

　同じ授業を受けているのに成績が違うということは、授業中には成績は決まらないということです。

　授業時間以外の一人での勉強時間、一人での勉強方法に、成績を上げる秘密があるのです。そこで私は、**学習の三段階**の重要性を説いています。

## 2. 勉強には、三段階ある

　授業だけで成績が決まらないのは、授業は『わかる』という勉強の**第一段階**でしかないからです。授業を受けただけでは、定期テストでいい点数は取れません。

　本当にできるようになるには、実際に授業内容を理解しているか、問題を解いたり、ノートを覚えるなどの**再構築の作業**が必要です。ノートを覚えるなどの『再構築』ができるようになったとしても、一度できるようにしただけでは忘れてしまうので、何度も復習する**記憶**も必要です。

　この**理解、再構築、記憶**が、**学習の三段階**です。

## 3. 一分野一冊さえ究めれば

　日本史の授業を受けただけで、語句や年号、すべて覚えられる人などいないように、ちゃんとノートを**覚えているか**、問題が**解けるか**を確認して、間違えた部分を全部できるようにしなければ、授業内容を自分のものにできたとは言えないのです。

　極端な例として、授業を受けなくても、ノートを丸暗記さえできれば、テストの点数は上がるのに、授業を受けるだけで、ノートを覚えない人が多すぎます。

　そしてノートなどを覚えたら、忘れないうちに何度も復習する。これが『学習の三段階』。そうすれば結果として、ノートや参考書、それぞれが「完璧な一冊」になって、成績が上がります。ちなみに、武田塾では基本的に、参考書は「一分野一冊」でいいという考え方です。

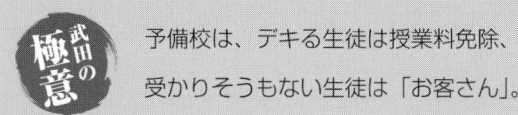

予備校は、デキる生徒は授業料免除、受かりそうもない生徒は「お客さん」。

つまり**一冊究めれば十分**知識は揃います。

たとえば、日本史だって教科書の太字を全部覚えている人がいたら、偏差値は70近くあるはずです。もし、模試に英単語帳を一冊持ち込めるってことになったらどうでしょう？ 解らない英単語が出てきても、単語帳を調べたら、ほとんど載っているはずです。

つまり、日本史でも基本は一冊、英単語帳でも一冊「完璧に」すれば、ものすごいことになります。私も、この方法に気づくまで、本当に無駄な勉強をしていたと後悔しています。

『学習の三段階』を使って、一冊を完璧にするという基本的な方針がわかったら、次はどうやって勉強を進めればいいかです。予備校に通っていれば成績が上がりますか？ 学校の授業をしっかりと聴いていればいいのですか？

## 4. 予備校の落とし穴

予備校の問題点を簡単に指摘してしまうと…、デキる生徒がタダで通っているのが予備校です。

元からデキる、偏差値の高い、進学校に通っている、偏差値の高い大学に受かりそうな生徒さんが、タダで通っているのが予備校。そういう生徒さんの大半は受かるけど、そうではない生徒さんは受かりにくい。

なぜなら**受かりそうもない**から授業料が**割り引かれない**の

です。割り引かれない人は、受からない可能性が高いのに授業料を払っているという制度上の大きな矛盾があります。

　高校の3年間、ぼんやり授業を聴いて、それなりに一通りわかった気になったみたいな生徒さんは、このまま予備校に通っても早稲田・慶応レベルには受かりません。
　予備校に高校1年生から3年間通った上で、浪人してさらに予備校の授業を受けて、それでも偏差値が1も上がらないなんて悲惨なことも起こりかねないのです。

　そもそも予備校のカリキュラムは、デキる**優秀な生徒さん**に合わせているし、授業のとおりに勉強していては**逆転**するのは**不可能**に近い環境です。カリキュラムも、基礎、応用、発展の授業が同時に行われていますから、さらに成績が上がりにくいのです。
　第一、「集団授業」が問題です。集団授業は、授業に1回ついていけなくなるとそれで終わりです。かなり厳しい世界です。
　ついていけない生徒さんがいるから、授業のペースを遅くしようなんて、集団授業が行われている予備校ではありえません。

## 5. 勉強しているつもりでも

　予備校は『学習の三段階』の、**理解だけ**しかさせてくれないので、一人ひとりがしっかり復習しているかなんて、わからないままに授業が進んでいきます。たとえばこんな調子で……

 あまりにも多い、授業や講義を聴いて、勉強したつもりになって、空回り。

▼▼▼▼▼▼▼▼のびお君との会話▼▼▼▼▼▼▼

 予備校の先生は、毎回授業内容が生徒の身についているかなんて気にしていないよ。たとえば、学校で習った勉強がすべて身についているかい？

 身についているかですか？ 授業についていけないほどではないんですが…

 模試では、習ってない範囲が出たわけじゃないだろ？

 はい。全部習った範囲でした。

 授業で習った範囲の問題なのに解けない。それが、授業内容が身についていない何よりの証拠なんだよ。でも多くの生徒さんは、学校の授業だけでは伸びないよね。そしたらどうすると思う？

 学校だけじゃ不安だから、予備校に通います。

## 大学受験相談シート

| | |
|---|---|
| **名前：** | 野火　伸夫（のび　のびお）<br>高校3年生　県立のびのび高校<br>（学年300人中早稲田1人、慶應ゼロ、マーチ合わせて5人くらいの進学実績の高校） |
| **住所：** | 東京都台東区 |
| **志望校；** | 第一志望　早稲田大学政治経済学部<br>第二志望　早稲田大学社会科学部<br>第三志望　明治大学経営学部 |
| **偏差値：** | 進研模試　英語42、国語48、数学40、総合42 |
| **武田塾を知ったきっかけ：** | インターネットで武田の受験相談所を見つけて。 |
| **通塾経験：** | あり　映像で授業を受けられる予備校 |
| **受講した講座：** | スタンダード英文法、ベーシック長文読解 |
| **使用している・持っている参考書：** | 英語TARGET 1900 ネクステージ、英文法1000、基礎英文解釈の技術100、やっておきたい英語長文500、山口の英文法講義の実況中継、基礎英文法問題精講、FOREST、英文読解基本はここだ！、ビジュアル英文解釈、速読英単語、速読英熟語、解体英熟語、英作文のトレーニング、大矢の英作文講義の実況中継 |
| **相談したいこと：** | 急激に偏差値を上げて逆転合格したい、勉強方法が分からない、復習方法が分からない、何をいつまでにどのようにすればいいのか知りたい |

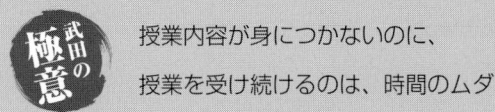

武田の極意　授業内容が身につかないのに、授業を受け続けるのは、時間のムダ。

そうだよね。でも、授業で習った範囲を間違えるのに、また予備校で授業を習っても同じことが起きてしまうのがわかるかい？

　学校の授業で成績が伸びないから、今度は予備校の授業を受ける。なんかセンスがないよね。そういう生徒さんは伸びない。

塾長、厳しいですね！

私と同じような間違いを繰り返してほしくないからね。全員がついていけるものでないのが集団授業。

　授業だけでは身につかないし、身についているかなんて確認もしてくれない。それに、わかっている部分もわからない部分も人それぞれだから、予習で解けた問題でも、授業で聴かなければいけなかったり、わからないまま先に進んだりする。

　予習で解けたら、授業を聴くのはもったいない。わかっている範囲なのだから、時間の無駄。黒板を写すのも自分で参考書を作っているようなものだから、元から書いてあったら早いよね。集団授業にはいろんな問題点があるんだ。

　授業はみんなの学力を平均的に上げるのにはいいかも

しれないけど、受験は「受験**戦争**」って言われるぐらい激しいものだ。みんなで一緒に仲良く勉強をしている暇なんてないよ。

▼▼▼▼▼▼▼▼　独学のすすめ　▼▼▼▼▼▼▼▼

元から集団授業なんていうシステムは、受験には向いていないんだ。

予備校や授業がダメなのは、わかってもらったと思うのだけど、じゃあ予備校に行かないでどうしたらいいかわかるかな？

参考書で**独学**をする方が、絶対**効率的**だよ。

参考書のメリットはたくさんある。速く進めることができるし、レベルも分野も自由に選んで勉強できる。授業では基礎と応用と発展を同時に聴かなきゃいけないけど、参考書なら、基礎→応用→発展と、順番に学習することができる。

英語の長文の参考書でも、単語・熟語・文法を完璧にしてから、1文1文を正確に訳せるようにして、レベルに合っている長文を読むことができるのですよね。

授業より独学。一分野一冊の参考書を究めれば、成績はおのずと上がる。

１週間に１単元ずつ進んで、１年間をかけて終わらせる授業とは違って、毎日どんどん進めることができるから**スピード**が圧倒的に変わるよね。テレビアニメは１週間で１話進むから放送に１年かかるけど、コミックで読んだら１週間で終わるだろ。

たしかに！

授業で１年間かかることでも、参考書でやれば１週間で終わることもある。参考書には**必要なこと**が書いてあるので、黒板を写す時間もいらない。その分、もっと勉強がはかどる。だから、わかる部分は自分で理解して、わからない部分は誰かに聞けばいいだけだ。そういう面でも速いよね。

黒板って、写していると勉強したつもりになるけど、実際には書いてもあまり覚えないし、そんな時間があればもっと暗記する時間に回せばよかったって、塾長のブログを読んで思いました。

黒板を写し終わって完成するものは、つまり参考書。そしたら最初から書いてあるものを読んで、**覚える時間に回す**方が成績は伸びる。すごく当たり前のことだけ

ど、授業で進めるより、自学自習の勉強方法を確立した方が早い。最初は難しいことのように感じるけど、空いた時間で好きなことだってできる。

ホントそのとおりですよね。高校で2年間、毎日授業を受けてきたけど、数学も英語も全然できるようになっていません。今まで「完璧な一冊」を作ってなかったなーってすごく反省しています。

高校3年生で気づいてよかったね。

ありがとうございます。でも……、具体的に**どの参考書をどんなペース**で、**いつ**やるべきなのかが、わからなくて……。

じゃあ、受験勉強の初歩の初歩ともいえる英単語の暗記法から教えてあげるよ。

---
### まとめ

授業を聴いていても、成績は伸びない
基本は、学習の三段階（理解、再構築、記憶）の繰り返し
一番効率的な勉強法は、参考書で独学

# 2. 英単語ターゲット1900の覚え方

―――――― この章のポイント ――――――

適量（自分が1回に覚えられる量＝セット）を見極める。
覚えられる量（適量）ずつ「完璧に」覚える。
5セット進んだら（そろそろ忘れそうな時に）復習する。
本当に覚えたかを確認しながら進める。

―――――――――――――――――――

## 1. 英単語の覚え方

▼▼▼▼▼▼▼　その効率的な実践法　▼▼▼▼▼▼

僕は、塾長のことをまだ信じているわけじゃないですよ（笑）。
「一冊を完璧に」したらすごく伸びるのはわかるけど、そんなことホントに可能なのですか？　第一、単語1,900個なんてどうやって覚えるのですか？　ホントに「一冊を完璧に」なんてできるのですか？

単語1,900個なんて、武田塾の生徒さんなら1か月、遅くても2か月で終わるよ。

えっ？　武田塾の生徒さんは1か月で1,900個も覚えるのですか？　みんな「一冊が完璧に」なっているのですか？

そうだね。誤解を招かないために最初に話しておくけど、「一冊を完璧に」っていうのは本当に隅から隅まで完璧にすることではないんだ。

　単語帳なら、掲載されている英単語の一つに対して訳を一つでも言えるようになれば、かなり大きいよね。文法の問題集なら掲載されている問題がすべて正解できて、なおかつ重要なポイントがまとまっている部分を覚えていれば「完璧」と呼んでいるんだ。

なるほど。隅から隅までっていうわけではないのですね。それなら少しはできそうですが、それでも1,900個の英単語を覚えるとか、気の遠くなる勉強のような……。

じゃあわかった。100個、英単語を覚えるのはできるかい？

100個？　100個でも覚えるのはキツそうですね……。

よし。じゃあ10個でいい。10個の英単語覚えられる？

10個なら覚えられますよ！

よし！　なら1,900個、覚えられるよ。
　まあ、だまされたと思って聞いてくれるかい？　目の前にまだ知らない英単語のカードが100枚積まれていたとしよう。表には英単語、裏には日本語訳が書いてある普通の英単語のカード。100枚覚えるのは大変だよね？　でも、10枚なら覚えられる？

はい。10枚だったら5分ぐらいで覚えられると思います。

そうだね。だいたいみんな5分、かかっても10分弱で終わるよ。でもこの時も、ちゃんと「全部言えるか？」は毎回確認してね。全部正解しないと先に進んではいけない。『再構築』に成功しないと先に進んじゃいけないって話を覚えているかい？

わかります。今回の場合は、日本語訳を見るのが『理解』になり、10枚全部言えるかどうか確認するのが『再構築』になるわけですね。

その通り。じゃあ、10枚覚えたら、次の10枚も覚えるんだ。次の10枚も「完璧に」。そしてそれが終わったら次の10枚と、覚えられる量ずつ「完璧に」していくんだ。

なるほど。できる量ずつやるんですね。でも、3回やったところで30個ですから気の遠くなる作業ですね。

いやいや、そうでもないぞ。10枚ずつ覚えるのが可能なら、それを5回やるんだ。10枚ずつ5セット覚える。そうすると、そろそろ最初の頃のカードを忘れてないか不安にならないか？ ここで10枚ずつ覚えたカードを混ぜて、50枚、一気に復習するんだ。

良かった。このまま10個ずつ繰り返して、1,900個まで190回やらされるのかと思いました。

そんなことはしないよ（笑）。じゃあ、50枚、混ぜて復習したら何枚ぐらい間違えるかな？ 10個ずつは「完璧に」したけど、50枚に混ざるとどうなると思う？

たぶん、10個か20個は間違えるんじゃないでしょうか。

そうだね。そのくらいは間違えるよね。でも、その間違えたものを覚えなおすのは、そこまで時間がかからないだろ？

そうですね。これも5〜10分ぐらいあればいけます。

授業を聴いているヒマがあったら、参考書を読んで、覚える時間に回す。

じゃあ、それをやってもらえば、もう50個覚えたことになるよね。50個復習して、間違えたものを全部言えるようにしたんだから、その時点では50個、全部言えるようになっているわけだ。

確かに！　これならそんなに時間がかからなさそうですね！

10個覚えるのに5分。それを5回やって25分。50個、復習して覚えるのに10分。ここまででだいたい35分かな。

短いですね！

まあまあ、ここからだよ。これと同じ作業を、やっていない50枚の方でやるんだ。
　そっちも10枚ずつ覚えて、5回繰り返し、50個で復習。これも35分で終わるね。そのあと、100枚全部混ぜて復習するんだ。そうしたら何個ぐらい間違えるかな？

20個か30個ですか？

そうだね。で、それを復習して「完璧に」するのには20分ぐらいで大丈夫。100個総復習して、間違えたものを

「完璧に」したらどうなる？

もう100個「完璧に」なっていますね……。

そうなんだ。100個覚えるのって難しいように思うかもしれないけど、覚えられる量ずつやれば、そこまで難しくはないんだ。100個覚えるのに90分ぐらいしかかからない。1回に20個ずつぐらい覚えられたらもっと速く進むよ。

マジっすか？　たしかに10枚以上、1回に覚えるのも頑張ればできそうです。

そうしたらもっと早くなるし、とにかく自分なりのできる量ずつ、5セット覚えたら戻る。そしてまた進んで、そろそろ忘れたなって思う頃に戻れば、結構いけるものだよ。もちろん毎回「完璧に」していくのが重要だけどね。

## 2. 自分の適量を考えよう

▼▼▼▼　　1回でどれぐらい覚えられるか　▼▼▼▼

この二つの点が重要で、特にこの「適量」という考え方

 武田の極意 理解したら、とことん覚えることに集中して、いくども復習を繰り返す。

が重要になってくるんだ。

「適量」とは、**自分が1回に覚えられる単位**、セットのことなんだ。

 なんとなくわかります！ たしかに僕の場合は、10個なら簡単すぎるかなって思います！

 そうだね。「1回に覚えられる」っていうのがあいまいな表現だから、その部分を詳しく話していくよ。たとえば、その「適量」を自分なりに想像してみる。5枚だったらどうだろう？ 20枚だったらどうだろう？ というように。

---

5枚→5枚だと簡単に覚えられそうで、張り合いがなさそう

10枚→10枚でもいいけど、これよりは多く1回に覚えられるかな

15枚→15枚でもいいけど、ちょっと中途半端だな

20枚→20枚ぐらいなら、キリもいいし、覚えた後に適度に間違えて、適度に復習できる数かも！

30枚→さすがに30枚は厳しいかなー。やっている途中で心が折れてしまいそうだ

---

と考えたら、この場合、20枚が適量だということなんだ。もっと具体的にいうなら、のびお君が自分の適量を判断

するとき、次のような方法を取ってほしいんだ。

---

10個、読んだり、書いたり、声に出してみたり、ゴロ合わせを使うなどして覚えてみる

⇩

10個、本当に覚えたかテストしてみる

⇩

正解率80%以上　：　10個ではなく、15か20個に増やしてこの作業をやってみる

正解率60〜70%　：　適量。今後、10個単位で勉強を進めていく

正解率50%以下　：　10個ではなく、7個、5個にしてこの作業をやってみる

---

　適量は、1回自分に合う方法で覚えて**60〜70%ぐらい当たる数**がいい。正解率がそれ以上だと簡単すぎるし、それ以下だと難しすぎる。暗記の得意な人は、その適量は多く、苦手な人は少なくなるんだ。
　また、この量はできるだけ多い方が進むスピードは速くなるけど、無理をしてはいけない。でも、多い方が有利なのは覚えておいてね。

ここまで詳しく説明されたらわかります！　ありがとうございます！

 暗記のコツは、自分の適量（能力）を知り、できる量を積み重ねること。

 また、これはもっと後で詳しく話すけど、適量の考え方は英単語だけでなくて、**ほかの教科**の覚える範囲でも使うから覚えておいてね。それから、適量には**個人差**があるから、1日の覚え方はいろんなパターンがある。ここに表をつけておくから、自分はどのパターンに当てはまるかを考えてみてね。

## 3.「1日分の覚え方」のモデルケース

▼▼▼▼▼▼▼ 覚え方のモデル設定A ▼▼▼▼▼▼▼

| | | |
|---|---|---|
| 1日で覚える量→100個 | | 適量（1セット）→10個 |
| ① | 1回目、戻るタイミング→5セット | |
| ② | 2回目、戻るタイミング→5セット×2の10セット | |
| ③ | 1－10を完璧に | →31－40 |
| | →11－20 | →41－50 |
| | →21－30 | |
| ④ | 1－50の復習（1回目の戻るタイミング） | |
| | 1セット×5の5セットで復習 | |
| ⑤ | →51－60 | →81－90 |
| | →61－70 | →91－100 |
| | →71－80 | |
| ⑥ | 51－100の復習（1回目の戻るタイミング） | |

27

> 1セット×5の5セットで復習
> ※ 2回目だと思うかもしれないが、51－100に関しては1回目の復習なので「1回目」とする。
> ⑦ 1－100の総復習（1回目の戻るタイミング）
> 5セット×2の10セットで総復習

これでもいいかもしれませんが、ちょっと簡単そうですね。

のびおくんにはそうかもね。じゃあ、設定Bはどうかな？

▼▼▼▼▼▼ 覚え方のモデル設定B ▼▼▼▼▼▼

| 1日で覚える量→200個　　適量（1セット）→10個 |
|---|
| ① 1回目、戻るタイミング→5セット |
| ② 2回目、戻るタイミング→5セット×2の10セット |
| ③ 　　　1－10を完璧に　　　→31－40 |
| 　　→11－20　　　　　　　　→41－50 |
| 　　→21－30 |
| ④ 1－50の復習（1回目の戻るタイミング） |
| 　　1セット×5の5セットで復習 |
| ⑤ 　　→51－60　　　　　　　→81－90 |

**武田の極意** 本当に覚えたかチェックし、覚えていないものに気づくのが暗記の第一歩。

- 　　→ 61 − 70 　　　　　→ 91 − 100
- 　　→ 71 − 80
- ⑥　51 − 100 の復習（1 回目の戻るタイミング）
  1 セット×5 の 5 セットで復習
- ※　2 回目だと思うかもしれないが、51 − 100 に関しては 1 回目の復習なので「1 回目」とする
- ⑦　1 − 100 復習（2 回目の戻るタイミング）
  5 セット×2 の 10 セットで復習
- ⑧　　101 − 110 を完璧に　　→ 131 − 140
  → 111 − 120　　　　　　→ 141 − 150
  → 121 − 130
- ⑨　101 − 150 の復習（1 回目の戻るタイミング）
  1 セット×5 の 5 セットで復習
- ⑩　　→ 151 − 160　　　　　→ 181 − 190
  → 161 − 170　　　　　　→ 191 − 200
  → 171 − 180
- ⑪　151 − 200 の復習（1 回目の戻るタイミング）
- ⑫　101 − 200 の復習（2 回目の戻るタイミング）
  5 セット×2 の 10 セットで復習
- ⑬　1 − 200 まで総復習（3 回目の戻るタイミング）
  5 セット×4 の 20 セットで総復習

 こんな感じでどう？

なかなかいいですね！ 自分はこのくらいかもしれません。

それから、適量が20個の人は、次の設定Cぐらいでもいいよ。

▼▼▼▼▼▼ 覚え方のモデル設定C ▼▼▼▼▼▼

| |
|---|
| 1日で覚える量→200個　　適量（1セット）→20個 |
| ① 1回目、戻るタイミング→5セット |
| ② 2回目、戻るタイミング→5セット×2の10セット |
| ③ 　　　1－20を完璧に　　　　→61－80 <br> 　→21－40　　　　　　　　→81－100 <br> 　→41－60 |
| ④ 1－100の復習（1回目の戻るタイミング） <br> 　1セット×5の5セットで復習 |
| ⑤ →101－120　　　　　　　→161－180 <br> 　→121－140　　　　　　　→181－200 <br> 　→141－160 |
| ⑥ 101－200の復習（1回目の戻るタイミング） <br> 　1セット×5の5セットで復習 |
| ⑦ 1－200の総復習（2回目の戻るタイミング） <br> 　5セット×2の10セットで総復習 |

これは速そうですね。

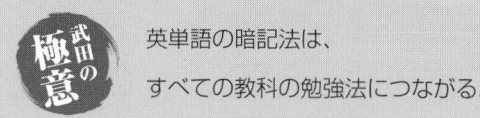 英単語の暗記法は、すべての教科の勉強法につながる。

 そうだね。20個でできるなら、この方法の方が速いよ。

 そうですね。僕は設定Bで頑張ってみようと思います。こんなに細かく「完璧に」しながら、何度も何度も言えるようにしたら、さすがに覚えそうですね。しかも、言えるまで先に進めない仕組みなのがいいですね。

 そうだね。なんとなく書いたり、線を引きながら先に進んでしまっている人が多いけど、「言えるようにする」、「答えられるようにする」ことが何よりも大事だよ。

 わかりました！　でも、これは1日の勉強の流れですよね？　1日に100個とか、200個とか覚えるなら、この方法を使えばいいですが、毎日どんなペースで、どのくらい進めばいいですか？

 そうだね。わかりにくいかもしれないけど、今までの方法は1日で100個とか200個覚える流れだったから、次は1か月だと、どんなペースで進んでいくかを書いていくよ。勉強を始める日を1日目とすると、設定Bなら進み方はこんな感じになる。

## 4. 覚えるための計画表

| 日数 | 勉強する範囲 | 日数 | 勉強する範囲 |
|---|---|---|---|
| 1日目 | 1 − 200 | 4日目 | 601 − 800 |
| 2日目 | 201 − 400 | 5日目 | 1 − 800 |
| 3日目 | 401 − 600 | 6日目 | 1 − 800 |
| 7日目 | テスト（1 − 800） | | |
| 8日目 | 801 − 1000 | 11日目 | 1401 − 1600 |
| 9日目 | 1001 − 1200 | 12日目 | 801 − 1600 |
| 10日目 | 1201 − 1400 | 13日目 | 801 − 1600 |
| 14日目 | テスト（801 − 1600） | | |
| 15日目 | 1601 − 1800 | 18日目 | 1601 − 1900 |
| 16日目 | 1801 − 1900 | 19日目 | 1 − 800 |
| 17日目 | 1601 − 1900 | 20日目 | 1 − 800 |
| 21日目 | テスト（1601 − 1900と1 − 800） | | |
| 22日目 | 801 − 1200 | 25日目 | 1 − 1900 |
| 23日目 | 1201 − 1600 | 26日目 | 1 − 1900 |
| 24日目 | 801 − 1600 | 27日目 | 1 − 1900 |
| 28日目 | テスト（1 − 1900） | | |

▼▼▼▼▼▼ 本気を出しさえすれば ▼▼▼▼▼▼

28日で1,900単語終わるよ。良かったね。

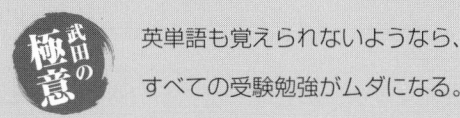 英単語も覚えられないようなら、すべての受験勉強がムダになる。

……これは大変そうですね。

それが意外とできるんだよ。むしろ、これよりもっと速く進むかもしれない。なぜかというと、これは「覚えていない英単語」を覚えるのにかかる時間だ。覚えていない英単語を10個ずつなり、20個ずつ覚える方法だよね。自分で単語帳を進めていたら、わかるものも含まれているだろ？

たしかに、最初の方は結構わかるものも多いと思います。

そうだよね。1日に200個覚えると、実際は300番まで「完璧に」なっていたりするんだ。300番までチェックして、わからないものが200個しかなかったら、その200個しか覚えなくていいからね。

なるほど……。じゃあ、わかるものが多少ある人は、これよりも速く進めるんですね……。

そうなんだ。さらにやり方次第！ 慣れればもっと覚えるのは速くなるよ。でも、信じてないでしょ？

はい。説明は聞きましたが、やっぱり1か月にそんな

1,900個なんて覚えられない気がします。第一、1日に100個とか200個も覚えられるような気がしないです。

のびお君は疑り深いね〜。ツッコミ多いよ（笑）。まあまあ、とりあえずやってみようか。ここに150枚ぐらい単語カードがあるから、今からこの単語カードで、「訳が言えるカード」と「訳が言えないカード」に分けてみてくれる？

⇨ ⇨ ⇨　カードを分ける　⇨ ⇨ ⇨

終わりました！　ちょうど50枚正解して、100枚訳せないのがありました。

まずその100枚のカードを10枚ずつ、10セットの束に分けてもらえるかな？　そして、10枚声に出したり、書いたり、好きな方法でいいから覚えてみて。

塾長、一番オススメの方法って何ですか？

ゴロ合わせや連想が一番いいんだけど、なかなか思いつかないかもしれないね。スタンダードなのは、声に出して言うことかな。「dog 犬 dog 犬 dog 犬……」みたいに、単語と訳を交互に言うのが時間もかからないし、結構覚

> **武田の極意** 身につく勉強は、方法、ペース、カリキュラムなど、個人差があって当然。

えられるんじゃないかな。それでやってみて。

⇨ ⇨ ⇨　暗記中　⇨ ⇨ ⇨

ある程度、覚えたなって思うところでテストしてみて。

覚えて、テストしてみました。10枚のうち4枚間違えました。

じゃあ、次はその4枚を覚え直してくれる？

⇨ ⇨ ⇨　間違えた4枚を暗記中…　⇨ ⇨ ⇨

終わりました！

じゃあ、10枚全部でテストして、全部当たったら先に進んで！

⇨ ⇨ ⇨　10枚テスト中　⇨ ⇨ ⇨

すみません、また1枚間違えました（笑）。

みんなそんなもんだから、安心してね。間違えた1枚、それだけ覚えなおして、また10枚でテストしてみて。

⇨ ⇨ ⇨　間違えた1枚を覚え、再びテスト中　⇨ ⇨ ⇨

10枚当たりました！

ここまで何分かかったかわかる？

えっ？　10分くらいですか？

いや、覚え始めてからは4分しかたってないよ。

ホントですか？

本当だよ。さあ、これと同じ作業を、あと4セット進めるんだ。

⇨ ⇨ ⇨　1セットずつ暗記中　⇨ ⇨ ⇨

10枚ずつ5セット合計50枚覚え終わりました！

さあ、次はここまでやった50枚を全部混ぜてごらん。カードを切って順番を変え、50枚一気にテストをして、わからないカードを別にしてくれるかな？

**武田の極意** 成績が良くない生徒の特徴は、覚え方がわかっていない場合がほとんど。

⇨ ⇨ ⇨　今までの50枚テスト中　⇨ ⇨ ⇨

終わりました！

何枚間違えた？

13枚間違えました！

うんうん。じゃあ、その13枚を完璧にしてくれるかな？

わかりました。これも13枚、全部言えるようになるまで繰り返すんですよね？

⇨ ⇨ ⇨　13枚暗記中　⇨ ⇨ ⇨

終わりました！

さあ、今までやってきたところまでの50枚をテストして、間違えたものを全部言えるようにしたから、今、のびお君は50個の単語を全部言える状態になっているはずだよね。

はい。思ったより速いですね……。

そう。ここまでで 35 分しかたってないよ。
　じゃあ、次は残っている、10 枚ずつの束の残り 5 つを、同じ方法で 1 セットずつ覚え、50 個でまた復習テストをしてくれるかな？

　　　⇨ ⇨ ⇨　　5 セット暗記し、50 枚で復習中　⇨ ⇨ ⇨

終わりました！

お疲れ。ここまでで 70 分だね。さあ、後半の 50 個を暗記したところで、そろそろはじめの 50 個も忘れてそうだよね。だから最後は 100 枚全部、順番を変えて、混ぜて、テストをしてみよう。そして間違えたものを分けてね。

　　　　⇨ ⇨ ⇨　　100 枚全部テスト中　⇨ ⇨ ⇨

終わりました！　20 枚間違えました！

そうか、そうか。じゃあ、その 20 枚を「完璧に」してね。20 枚が多かったら、10 枚ずつに分けてもいいけど最終的には 20 枚連続で正解できるようにしてね。

　　　　　　⇨ ⇨ ⇨　　20 枚暗記中　⇨ ⇨ ⇨

> 武田の極意
> 自学自習に勝る勉強法はない。
> その基本が暗記する方法だ。

終わりました。

お疲れ！　ここまででとりあえずやめようか。ここまでで100個覚えたことになるのがわかるかな？

はい。たぶん、90分くらいしかたってないですよね？　単語100個って90分で覚えられるんですね……。

そうだよ。しかも、のびお君は、現在〔英単語ターゲット1900〕の150番まで完璧になっているんだ。

えっ！　100枚しか覚えてないのに？

はじめに150枚のカードを渡したのは覚えているかな？

はい。はじめに150枚渡されて、わからないカードを分けました。

そうだね。渡したカードは〔英単語ターゲット1900〕の単語カードで、1番から150番までのカードだったんだ。その中で50枚はわかっているもの。残りのわからない100枚を「完璧に」した。つまり、今の段階では1番か

ら150番までテストされても、どれでも正解できるってわけだ。

えええええっ！　90分で150番まで完璧だなんて……！

そうだよ。だから180分ぐらい単語の勉強をすれば1日で300番まで完璧になるよ。

凄ぉーい！　今までの勉強は何だったんですかね……。

今までは覚えたつもりになっているだけで、「本当に覚えたか」、「できるようになったか」なんて確認してなかったんだ。「見ていただけ」、「書いていただけ」だったんだ。**本気出せば**、単語なんてすぐ終わるんだよ。

---
### まとめ

覚えられる量を1セットとし、1セットずつ「完璧に」覚える
覚えてみて、テストしてみて、60～70％の正解率の量が適量
書いたり、言ったり、自分に合った覚え方を試してみる
5セット「完璧に」したら、5セットをまとめて復習する
10セット「完璧に」したら、また10セットまとめて復習する

▶だんだんと範囲を広げていこう

# 3. 完璧な丸暗記方法

―――― この章のポイント ――――

英単語を覚えられない人が受験勉強をしても意味がない。
暗記方法を確立しているか？
すべての教科に応用できる英単語暗記法。

## 1. 英単語が覚えられれば、受験は勝ち

▼▼▼英単語が覚えられないようでは、他もダメ▼▼▼

英単語はこのやり方でヤバいペースで覚えられそうです！ 適量ずつ「完璧に」して、5セットやったら戻って、だんだん範囲を広げていくんですね。

そうだよ。最初はひたすら英単語の勉強しかしなくていいから、やり方をつかんでほしいな。

えっ？ 英単語の勉強だけでいいんですか？

もちろん他の勉強もするのが理想だよ。でも**英単語**が覚えられれば受験は**勝ち**だと私は思っている。だって、英単語も覚えられない人が数学の問題を覚えたり、社会の年号や人名などの重要事項を覚えたり、化学の知識を

覚えられると思う?

確かに。英単語が覚えられないのに他のものが覚えられるってのはありえないです。英単語の暗記は受験勉強の初歩の初歩で、みんなが一番はじめにやることですからね。

一番はじめにやる英単語の暗記も「完璧に」なっていないのに、文法の勉強をしたり、予備校の授業を受けても意味がない。覚え方を知らなければ、何をしても覚えられない。それぐらい暗記は重要で、その**暗記の方法を確立**しているかの指標が「英単語帳は完璧か?」ということだ。

英単語をナメていました! **英単語を覚えられなければ終わり**なんですね!

そうなんだ。英単語を覚えられない人が受験勉強をしても意味がない。まずは英単語を「完璧に」覚える方法を確立する。それから他の勉強をしてもらいたいと思っているんだ。

また予備校の批判をして悪いんだけど、私は英単語帳も

**武田の極意** 授業は遅くて非効率。参考書には1年分の授業以上の内容が詰まっている。

「完璧に」なっていないのに、東大レベルの英語や直前講習で早稲田対策の講座をたくさん予備校で取らされてしまった。

英単語も覚えていない人にどんどん新しい講座を取らせるなんて意味がないと思わない？　でも予備校は、「この授業を受ければ早稲田に受かるよ」とか言ってくるんだ。そう聞くとなんかそんな気がしてしまうけど、そんな講座よりも、当時の私には英単語や基礎的な文法の問題集が必要だったと思うんだ。

まずは**身につける方法**を教える。**英単語の覚え方**を教える。それから勉強を開始させるのが武田塾の指導方針だ。

英単語を覚えられなければ他のものは覚えられないのは間違いないんだけど、英単語を覚えさえすれば英単語の覚え方を応用していけばいいだけだ。

## 2. 英単語の覚え方を利用する

▼▼▼▼▼　英文法問題も、せいぜい1,000問　▼▼▼▼▼

英単語の覚え方を応用するのですか？　英単語の覚え方がほかの勉強にも応用できるってことですか？　そんなことありえないですよ！

いやいや、それがありえるんだよ。じゃあ、その応用方法を話していくよ。そのためにまず、英単語の覚え方のエッセンスだけを考えてみると、

① 覚えられる量（適量）ずつ完璧に覚える
② ５セット進んだら(そろそろ忘れそうな時に)戻る

という感じだったよね。

　これを他の教科でもそのままやればいいんだ。たとえば英文法の問題集で考えてみよう。いきなり「この英文法の問題集を一冊、完璧に覚えてください」って言われたらどう思う？

「そんなの無理！」って思います。

だよね。じゃあ、文法問題100問なら覚えられる？

いやー100問も多いです。

じゃあ10問ならどう？

10問ぐらいなら余裕で覚えられます。

**武田の極意** 自学自習で、わかる⇒やってみる⇒できる、この繰り返しが合格の秘訣。

このやり取り、どこかでやらなかった？

あっ、単語の時に同じことを言われました‼ （笑）

そうそう。英単語帳だって、一冊を完璧に覚えるのが無理そうに思えたよね。100個でも難しいと思えたのに、10個ずつとか、覚えられる量ずつ覚えていけば短期間にものすごい数を進められるってことがわかったよね。

はい‼　身をもって実感しました！

じゃあ、英文法の問題集も一冊いきなり覚えるのはキツい。でも、受験に合格するためにはどうしても「完璧に」する必要がある。じゃあ、どうしたらいいと思う？

できる量ずつ「完璧に」するわけですね！

そのとおり！　そのできる量を私は「適量」とか「1セット」と呼んでいるけど、英文法の問題なら何問ずつぐらいなら覚えられそう？

10問だったらできそうな気がします！

なら1セットは10問ずつにしよう。10問解き、間違えた部分の解答解説を読み、できるようになるまで繰り返す。10問完璧になったら次の10問に進んで、また「完璧に」する。そしてまた次に進み……と繰り返し、50問ぐらい進んだらそろそろ不安になるから最初から復習して、そこでまた間違えたものを「完璧に」するんだ。

50問で復習して間違えたものをまた「完璧に」すればその時点で50問「完璧に」なったってことですもんね！なんかできそうな気がしてきました！

そうだよね。でも英文法の問題は、実は多くても1,000問ぐらいしかないよ。

1,000問ぐらいって十分多いですよ（笑）。

でも、英単語は1,900個なんだよ？　それを考えたら英文法のポイントは1,000ポイント覚えれば十分なんだから、むしろ少ないと思うよ。それに**多くても**1,000問だから、武田塾が勧める英文法の問題集は800問ぐらいだから安心していいよ。だって、50問覚えるのは、1日でできそうだよね？

**武田の極意** 授業は「わかる」だけ、自学自習で身につける。

はい、50問ずつ覚えて、5セット進んで復習するだけなら1日でできそうです。

実際には英文法のわからない部分を誰かに聞いたり、ほかの詳しい参考書で調べながらやらないといけないから単純に50問やればいいってわけじゃないけど、それでも十分、1日で終わる量なんだ。次の計画表を見てみよう。

| 日数 | 勉強する範囲 | 日数 | 勉強する範園 |
|---|---|---|---|
| 1日目 | 1 − 50 | 15日目 | 401 − 450 |
| 2日目 | 51 − 100 | 16日目 | 451 − 500 |
| 3日目 | 101 − 150 | 17日目 | 501 − 550 |
| 4日目 | 151 − 200 | 18日目 | 551 − 600 |
| 5日目 | 1 − 200 | 19日目 | 401 − 600 |
| 6日目 | 1 − 200 | 20日目 | 401 − 600 |
| 7日目 | テスト（1 − 200） | 21日目 | テスト（401 − 600） |
| 8日目 | 201 − 250 | 22日目 | 601 − 650 |
| 9日目 | 251 − 300 | 23日目 | 651 − 700 |
| 10日目 | 301 − 350 | 24日目 | 701 − 750 |
| 11日目 | 351 − 400 | 25日目 | 751 − 800 |
| 12日目 | 201 − 400 | 26日目 | 601 − 800 |
| 13日目 | 201 − 400 | 27日目 | 601 − 800 |
| 14日目 | テスト（201 − 400） | 28日目 | テスト（601 − 800） |

1日50問進んでも、1か月しかかからない。

でも、まったく復習の期間がないから、このペースでは終わらないんじゃないですか？

いや、このペースはすべての問題が解けないっていうのを前提に組んでいるから、**本当はもっと解ける**よね？

はい。さすがに800問全部間違えることはないと思います。

そう。だから実は、十分余裕を持っているペースなんだよ。

1か月で英文法の参考書、「一冊を完璧に」するのは可能なんですね……。

そうなんだよ。武田塾の生徒さんの標準的なペースは1か月、遅い生徒さんでも2か月で「完璧に」なる。

予備校で1年かかることが、1か月で終わるなんてすごいですね。

武田の極意　授業は復習してこそ意味があり、受けっぱなしは時間のムダ。

これが**参考書**の**すごい**ところなんだ。「参考書で進めると速い！」っていうのが実感として湧いてきたかな？

そうですね。しかも英文法だって英単語の覚え方を応用すればいいっていうことがわかりました。できる量ずつ「完璧に」していって、忘れた頃に戻ればいいっていうのは同じなんですね。

そうだよ。「千里の道も一歩から」ってこと。むしろ「1,000問の文法も10問から」って感じかな。

なんかゴロが微妙ですね。

まあ、そう言うなよ。大切なことなんだ。

でも、この計画表を見ると、1日に100問やったり、200問やったり、最後なんか800問やってたりするじゃないですか。英単語のときも思ったんですが、1日にこんなに広い範囲を復習できるのかが心配です。
　英単語なんて最後は**1日に1,900個**覚えるじゃないですか？　こんなことできるんですか？

49

いいところに疑問を持ったね。結論から言えば**できる**よ。

できるんですか？　僕にでもできますか？

できるとも。しかしそのためにはまず、人間の記憶のメカニズムを深く理解すること。そしてそのメカニズムを最大限に利用するための**効率的な復習方法**を知らないといけないんだ。

まだ勉強のテクニックがあるんですね！

そうだよ。記憶のメカニズム、効率的な復習方法について、次から話していくね。

---
### まとめ

すべての教科に応用できるのが英単語暗記法
英文法の問題は、多くても 1,000 問程度
英単語の覚え方を、すべての教科に応用する

# 4. 忘却曲線でわかる復習のタイミング

---
### この章のポイント
---

復習なしには、記憶に残らない。
効果的な復習のタイミングを知ることの大切さ。
完全忘却と再認可能忘却の違いを知る。

---

## 1. なぜ復習が必要なのか？

　記憶の忘却について研究をおこなったドイツの心理学者、ヘルマン・エビングハウス（1850〜1909年）が「無意味なアルファベットのつづりを覚え、どのくらいのペースで忘れていくか」をグラフにまとめた。これを**忘却曲線**と呼んでいます。

　このグラフを元に、復習の必要性とタイミングを知ることが、勉強の効果を最大限に引き出します。

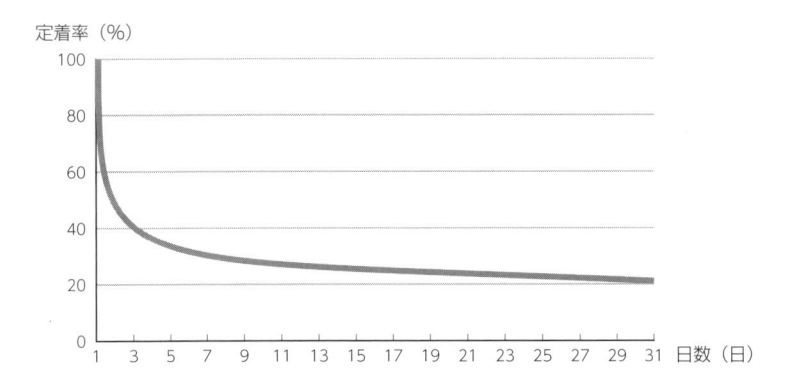

▼▼▼▼▼ 忘却曲線が教えてくれること ▼▼▼▼▼

ズバリ「忘却曲線」について説明していくよ。勉強法を完璧にするための、効果的な復習の意味がわかってくると思う。

このグラフだと100個の英単語とか数学の問題を覚えたら、80個は忘れてしまうってことですよね？

確かにそうなんだけど、この実験の場合は「無意味なアルファベットのつづり」だから「kad」とか「doz」、そういうメチャクチャなやつをドイツ語で覚えたはず。実際はここまで忘れないかもしれないけど、忘れやすい英単語の暗記とかは、この結果に近いかもね。

　数学の問題とかだったら、何かしら理由があるから、無意味なものよりは頭に残りやすい。だからここまでは忘れないかもしれないかな。でも、ビックリするぐらい忘れてしまうというイメージは持っておいて間違いない。

はじめの方のグラフの角度がやばいですね。

そうなんだ。でも、このグラフは「こんなに忘れるんだ！へ〜！」と思わせるために作られたものではないよ。

**武田の極意** まさかの宿題と連絡帳の武田塾が注目されるのは、自学自習の徹底管理。

「忘れるグラフ」を元に、「どうやったら忘れないか？」を研究するために作られたグラフだ。

さあ、次のグラフを見てほしい。忘れたものを1日後、3日後、5日後、9日後に復習してみたグラフだ。このグラフ、最終的にはどうなっているかわかるかい？

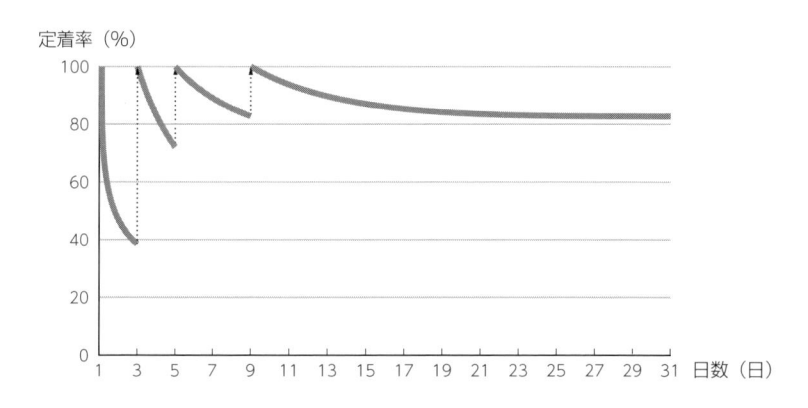

定着率（％）

日数（日）

わかります！ さっきのグラフはものすごいペースで忘れていっていたのに、最終的には全然忘れないようになっています。

そうなんだ。さすがに脳は4回も復習すると、「この情報って生きていくのに大事なのかな？」と思って覚えてくれる。だから**いいタイミング**で何度も復習すると忘却曲線が落ちにくい、つまり忘れにくいっていうのがこの忘却曲線の教えてくれていることなんだ。

なるほど！　何度も何度も復習すれば脳が覚えてくれるんですね！

うん、半分正解かな。

あれ？　何度も復習すればいいんじゃないんですか？

ちゃんと聞いてくれよ。いいタイミングで何度も復習すると、忘却曲線が落ちにくい、つまり忘れにくい。

いいタイミング……。そんなの関係なさそうですけどね。何度もやればいつかは覚えそうですけど。

いやいや、それがそうでもないんだよ。極端な例だけど、次の二つのグラフを比べてみてくれる。同じく4回復習した忘却曲線だけど、4回目の復習以降のグラフはどうなっているかい？

うわあ……。同じ4回なのに、全然違いますね。グラフ2のほうは4回やっても思いっきり忘れちゃっていますね。同じ回数復習しているのに、なんでこんなに違うんですか？

> 武田の極意　ムダのない自学自習こそが、ライバルに追いつき追い越す、唯一の道。

グラフ１：理想的なタイミング

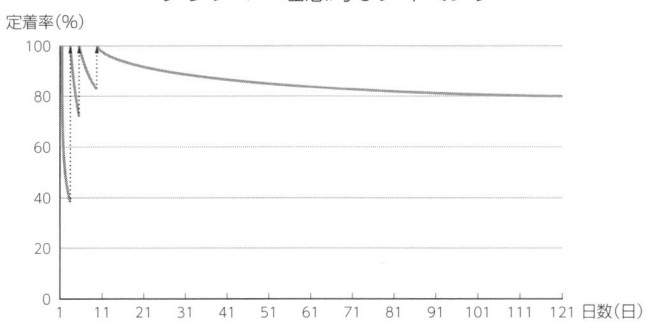

グラフ２：無意味なタイミング

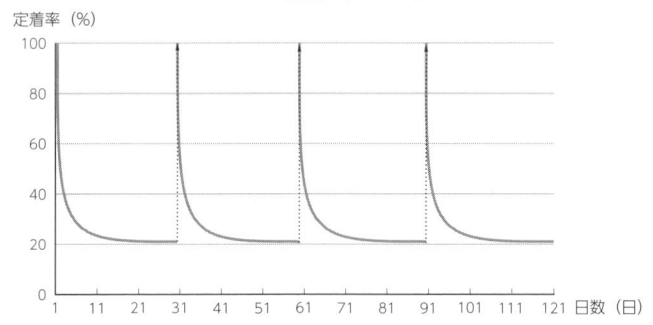

## 2. 復習のタイミングが決め手

▼▼▼▼▼▼　完全忘却と再認可能忘却　▼▼▼▼▼

理由は簡単だよ。覚えてからかなり月日がたってから復習したら、「あれ？　こんな単語やったっけ？」って思わない？

たしかにそう思いますね。でも、忘れるのは翌日に復習したって忘れてしまうんですから、変わらなくないですか？

いや、同じ「忘れる」でも違うんだ。

えっ？　同じ忘れるでも違う？

そう。忘れ方には以下の2種類があるんだ。**完全忘却**…完全に忘れてしまうこと。「えっ？　こんなやつやったっけ？」というやつ。それと**再認可能忘却**…やったということだけはわかる忘却。「思いだせなかったけど、これはやったことある！」というやつ。

完全忘却と再認可能忘却……なんか難しいですね。

いや、そんなことないよ。名前は難しいけど、意味は簡単。さっきも話したけど、単語を100個覚えてから2か月後に復習したらその単語の中に「あれ？　こんな単語やったっけ？」って思う英単語が絶対あるよね。それが完全忘却なんだ。

なるほど。前に勉強したことすら忘れているわけですね。

**武田の極意** 自分のレベルに合った参考書を見つけ、「一冊を完璧に」で、逆転合格。

そうそう。そのとおり。つまり「勉強する前に戻ってしまった」ってことで、1回勉強した意味がなくなってしまっているんだ。

たしかに、はじめて勉強した単語みたいになってしまいますよね。

そうなんだ。それに対して、再認可能忘却っていうのは、100個覚えた20分後とかに復習して「うわー。この単語さっき覚えたのに、もう忘れてるわー。ありえないー」って思う単語のこと。つまり「これやったことあるのに、しまったー！」って思える単語。
　1回勉強したことがあるってことだけは覚えているものを再認可能忘却っていうんだ。

僕もよくあります！「これやったじゃん」っていうやつ。そういうやつってすごく「しまったなー」って思って、なんか後悔しますし、覚えますよね。

そうやって覚えるのは、実は科学的なことだったんだよ。**再認可能忘却**だったから、**適切な復習のタイミング**だったっていう証拠。完全に忘れてしまっては、1回勉強した意味がなくなってしまうから、完全に忘れる前

に、つまり再認可能忘却のうちに覚え直すのが大切なんだ。

再認可能忘却のうちに覚え直すのが大切か……。難しいですね。

ごめんごめん、言葉が難しいよね。簡単にいえば、完全に忘れないうちに、あまり日のたたないうちに**復習**しようってこと。つまり、「しまった。これやったのに」って思えるうちに何度も復習しましょうってことなんだ。

それならわかります！　なら最初からそう言ってくれればいいのに。

でも、「完全に忘れないうちに何度も復習しましょう」っていきなり言われてもグッとこないだろ？　忘却曲線とかグラフとかないと説得力ないしさ。しかもこんな話、まだまだ序ノ口。もっと記憶について深く理解しないと、「真実の勉強方法」はマスターできないぞ。

―――――― まとめ ――――――

忘却には、完全忘却と再認可能忘却の二種類ある
完全に忘れないうち（再認可能忘却）に、何度も復習する

# 5. ×印をつける勉強方法

---
### この章のポイント
---

わかる問題、すでに覚えているものは、できるだけ勉強をしない。
「できないものはどれか？」を分類するために×印をつける。
×印部分に勉強時間を集中させ、その部分を完璧にする。

---

## 1. 効率的な勉強方法

▼▼▼▼▼▼ 意外と多い、無駄な勉強時間 ▼▼▼▼▼▼

ここからけっこう難しい話になってくるよ。まず、少し意地悪な質問をするね。数学を1,000時間勉強したら偏差値は上がると思う？

えっ？　1,000時間勉強したらさすがに上がるんじゃないですか？

実は、意外と上がらないときもあるんだよ。
　1＋1も数学だろ？　1＋1＝2という問題をひたすら1,000時間解いていても、偏差値はまったく上がらないだろ。

確かにそうですけど、ホントに意地悪な質問ですね。

これが非常に重要なことなんだ。ここで言えることは、**わかる問題**をいくら勉強しても、偏差値は上がらない。**できない問題**をできるようにすることが偏差値を上げることになるということだ。

　できない問題をできるようにすることに勉強時間を割かないと、時間の無駄になる。これをまず知ってほしい。

　それで、のびお君は、今まで単語を覚えるとき、どうやって勉強してた？

単語と漢字は、とにかく書けって学校の先生に言われていましたから、すべての英単語と日本訳を10回ずつ書いて覚えていました。

10回ずつ書いてどうした？

ひたすら先に進んで、たまにちゃんと覚えているかテストして、覚えていないものにチェックをつけたり、蛍光ペンを引いていました。

その勉強方法に、1＋1の勉強が含まれていたんだ。漢字も単語も全部書いていたんだよね？　書く前に覚えているか、覚えてないか分けてなかったんだよね？

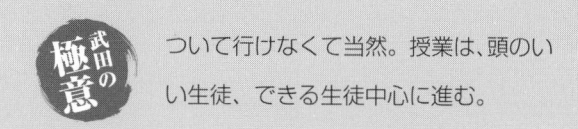

武田の極意 ついて行けなくて当然。授業は、頭のいい生徒、できる生徒中心に進む。

えっ？ 分けるんですか？ 普通に全部書きましたけど。なぜですか？

書いていた中で、**できるものが含まれていた**と思わない？ 覚えているものも書いていたら、できることに勉強時間を使ってしまっていることと同じだよ。

たしかに。でも全部書かないと、忘れているかもしれないじゃないですか？

忘れているかって心配なら、忘れていないか**テストして確認**するだけでいいんだよ。書く必要はない。覚えているか確認して、忘れているものだけを書けばいいんだ。

そうですね……。なんか全部書いたり、復習しないと怖いんですよね、忘れてそうで。

## 2. できないものに集中的に時間を割く

▼▼▼ できないもの、覚えていないものは？ ▼▼▼

そのわりには「ちゃんと覚えているか？」を確認しない

勉強方法だよね？ 10回ずつ書いただけでも覚えているかわからないよ。10回書いても、20回書いても覚えられないものもあるし、3回書いて覚えてしまうものもあるかもしれない。

　成績が伸びない生徒さんの勉強法は、たいていの場合、すべての知識に勉強時間を**平均的に割いて**いるから、非効率的な勉強法なことが多いんだ。

　そんな暇があったら、覚えていないものに**集中的に**勉強時間を割いて、覚えるまでやれっていうこと。

　のびお君の勉強方法は、勉強時間の配分が平均的だし、覚えるまでやっていない。だから今まで一冊も完璧にならなかったんだ。

　英単語の覚え方などで、間違えたものを覚えなおし、必ずできるようにしてから先に進むというのは、できないものに集中的に勉強時間を割くことを狙って作られているんだ。

確かに教えてもらった方法では、間違えたものを集中的に、とにかくできるようになるまでやってましたね。

そのとおり。いつも「できるもの」と「できないもの」を分類して**できるものはやらない**。当たらなかったものは徹底的に何度でも当たるまでやる。

**武田の極意** 目標と、計画と、達成方法がそろって、初めてムダのない勉強になる。

もっとわかりやすい話をしよう。小学校の時、「九九」ってどうやって覚えた？

何度も何度も声に出して、学校の先生に全部言えるまでテストされました。

そうだよね。そのとき1の段から9の段まで、同じ回数ずつ声に出して勉強した？

いや、1の段とか2の段は超簡単ですからそんなに練習しませんでした。でも、できない段はできるようになるまで何度も言いましたね。僕は7の段がすごく苦手だったので、7の段はたくさん練習した気がします。

だよね。じゃあ、1の段から9の段まで同じ回数ずつ勉強していたら効率が悪いと思わない？

そりゃ、そんなことしている小学生いませんよ。わからないのだけ、言えないのだけみんなやっていますよ。

じゃあなんで英単語を全部同じ回数だけ書くの(笑)。覚えていないものだけ、何度もやればいいんだよ。できなかったものは言えるまで、正解するまでやる。これ、当

たり前のことだけどみんなやらなくなっちゃう……んだよね。

そう言われると納得ですね……。

やっとわかってくれたんだね。こうやって、間違えたものだけを繰り返しやって、できるようになるまで先に進まないように勉強すれば、結果として完璧になる。
　これを武田塾では**全問正解にする**と呼んでいるから覚えておいてね。

今までの勉強時間には無駄なものがかなりあったということなんですか？

そういうことだよ。私の勉強方法は「1 + 1」の部分をいかに減らすか、つまり、わかっている部分をいかに省くかということを意識して作られているんだ。
　みんなの勉強法には絶対に、形を変えた「1 + 1」や「1の段」が存在するんだ。わかっているものに勉強時間を費やしても偏差値は変わらない。
　受験では、わかっている知識を勉強する**暇なんかない**。徹底的にできないものだけに勉強時間を割く。だからほかの受験生とは知識の量にどんどん差がつく。

**武田の極意** いまさら悩んでいる時間はない。決めたらやるだけ。確実に身につける。

偏差値の伸び方が歴然と変わる。同じ勉強時間でも**質**が変わる。そういう方法なんだよ。

すごい!! 受験勉強を始める前に知ることができて良かったです!

私のように失敗しなくてよかったね。次は集中的に学習すべき、できない部分を見つける方法、つまり覚えるべき部分を洗い出す方法を教えるよ。できない部分に**×(バツ)印をつける**といいんだ。

できない部分に×印をつける? それって、みんなやっていることだし、僕もやっていることですよ?

当たり前だって思われることを、ちゃんとやることが勉強法なんだ!

どういうことですか?

私が薦めている方法は、あまりに当たり前のことだから、何も感動がないだろ? できるボリュームを×印をつけながら解いて、間違えたら覚えて完璧にしていくなんて

当たり前の勉強法だろ？

はい。今まで何回も聞いたことあるような気がします。

でもこれがすべてだ。この方法を徹底的にやること。できない部分を洗い出して、覚えられる量ずつ覚える。それだけだ。

はぁ……。

そんなに呆れないでよ。でも、これだけじゃなくて、ちゃんと詳しく話を聞いてくれれば、この勉強法のすごさをわかると思うからさ。×印のつけ方は、また詳しく話すとして、ここまででとにかく次のことは守ってほしい。

---
**まとめ**

---

わからない部分を洗い出すために×印をつける

×印のついた部分に勉強時間を集中させる

×印のついた部分を完璧にする

---

# 第2部　英語こそが合格のベース

≡ 英単語の覚え方に、すべての勉強法の基礎が詰まっている ≡

中森泰樹

- 戦に挑む前に武器を揃えよう
- 過去問の使い方を誤るな
- 「受かりそうな人」と「受かる人」の違い
- 合格点を取るための「復習」か？

# 1. なぜ英語が重要なのか

---
### この章のポイント
---

結果が出しやすい教科から攻める。
最終的な到達点は長文が読めること。
基礎という大きな壁を乗り越えると、難解な問題も解ける。

---

## 1. 英単語の覚え方はすべての基本

　第1部でも繰り返し話したように、英単語の覚え方には、すべての勉強方法の**基礎**が詰まっています。

　もちろん、単語の覚え方ですべての勉強法がうまくいくわけではありません。数学では、答えをただ暗記しただけで解けるわけがありません。国語も、漢字はまだしも、文章読解を鍛えたいのに、答えを覚えても意味はありません。それぞれの教科には、一冊の参考書ごとに使い方があり、身につけ方も異なります。

　その中で、最も基本となるのが英単語なのです。

　英単語は、正しいやり方で徹底的に練習すれば**必ず**覚えられます。言い換えれば、英単語すら覚えられない人が、もっと難しい数学の問題や国語の文章問題を解くことは、非常に困難です。

　受験勉強がうまくいっているかどうかは、単語帳を見ればすぐにわかります。確実に成績が上がると自信を持てるやり方を知っていれば、勉強に対するやる気は大きく変わるはずです。

　まずは英単語の覚え方を**完璧**にし、どうすれば成績が上がるのか

を知ってください。その上で、「じゃあ英文法はどうしたらできるのか？」、「数学は？　理科は？」と、自分に必要なものがどうすれば身につくかを考えていきましょう。

## 2.　英語はやることが多い

　英語の最終的な到達点は、**長文**が読めるようになることです。大学や学部によっては、英文が書けるようになることも重要ですが、まずは英語を読み、問題を解くことができるようになることが重要です。

　では、英語の長文が読めるようになるためには、**何が必要**でしょうか？

　英語の長文が読めるようになるためには、「一文が正確に訳せるようになること」が必要です。

　そのためには、単語、熟語、文法、構文を一つずつ完璧にし、それを使いこなすことができなければなりません。

　英語は、他の教科と比べると、実際に問題に入るまでの**下準備**が多いため、一つひとつの段階の役割が非常に理解しやすい教科です。

　英語のすべての分野の成績の上げ方さえわかれば、他の教科でやり方に困ることは非常に少なくなります。

　みなさんの友だちの中で、単語帳、熟語帳、文法問題集、英文解釈の参考書が一冊ずつ、どこを出されても完璧になっている人がいたら、どう思いますか？　すごく頭のいい人だと思いませんか？　そんな人であれば、長文を読むのにも全然苦労しないと思いませんか？

　成績を上げるために必要なことは、細かく見ていけば非常に小さな

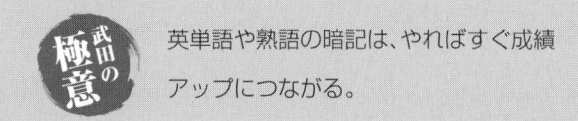

**武田の極意** 英単語や熟語の暗記は、やればすぐ成績アップにつながる。

ことの**積み重ね**です。

　数学であれば、難しい問題が解ける人は簡単な問題でも間違えませんし、解くのも非常に速いのではないでしょうか？

　社会であれば、さまざまな知識が、まるで教科書を読んでいるかのようにつながっている人は、一つひとつの用語を質問されても、ちゃんと答えることができるはずです。それらは基礎から、さまざまなものを**積み重ね**て初めてできることです。

　やることが多い英語でも、一度基礎を一通り終えてしまえば、どうすれば**成績が上がる**か、理解できます。英語のやり方がわかったと思ったとき、**他の科目**にも光が見えてくるはずです。

## 3.　結果を出しやすい教科、出しにくい教科

　英語、特に英単語や熟語は、やればすぐに**結果が出せる**教科です。

　暗記したことがすぐに使える教科や分野は、受験勉強の結果が一番出しやすいといえます。そういう意味では、社会も非常に結果を出しやすい教科といえます。

　反対に、結果を出しにくいのは、総合力が必要な英語や国語の、文章読解です。教科そのものの基礎の難易度が高い数学や理科も同様です。これらの教科では、成績が上がるまで時間がかかるため、自分にはできないと、投げ出す人も多いでしょう。

　しかし、結果を出しにくい教科ほど、**一度上がる**とそれ以降、難易度が上がっても基礎の延長で乗り切れることが多いのです。

　難しい教科は、どうしても負担になってしまいがちですが、基礎と

いう大きな壁を乗り越えたとき、**飛躍的**に学力が上がります。一度それを経験すると、楽しくてやめられなくなってきます。

英語の長文も、その傾向が強い分野なので、読めるようになった瞬間、それまでの勉強が**一つになる**感覚を味わえます。

## 4. もし英語ができれば

自信を持てる教科が一つでもあるというのは、非常に大きいことです。まして、それがすべての教科の勉強法の土台となる英語ともなれば、なおさらです。英語はどこの入試でも、ほぼ確実に**主要教科**ですし、配点も大きいでしょう。

また、先ほどから説明してきたように、英語のやり方を通して、すべての教科の勉強法を学んでいるので、これ以降、他の教科の勉強に自信を持ち、成績を上げられるという確信をもって臨めるはずです。

重要教科でもあり、なおかつすべての**勉強法**の基礎が詰まっている英語を、できるようにしない手はありません。

英語を究めましょう！　そうすれば、どんな勉強でも乗り越えていけるやり方を身につけられるはずです。

---------- まとめ ----------

英単語の覚え方に、すべての勉強法の基礎がある

難易度が上がっても、基礎の延長で乗り越えられる

下準備の積み重ねが英語上達の秘訣

## 2. 英語ができるということ

---
**この章のポイント**

長文が読めないのか？　読めているのに解けないのか？
いつだって、初めて見る問題への挑戦が入試というものだ。
合格点を取るための「復習」とは？

---

### 1. 武器をそろえる

　前に述べたように、英語の勉強は、**長文が読める**ようになることが大きな目標となります。

　どの教科であっても、最終的な目標があり、それに向けてやるべきことを細かく分け、**一つひとつ**仕上げていくという順序をたどります。私は、その一つひとつを仕上げていく段階を、武器をそろえると呼んでいます。

　目標である志望校(ラスボス)を倒すのに、いきなり準備なしで挑む人はいませんよね？　まずは武器をそろえて、レベルを徐々に上げていって、最終的に挑めるようになるまでそれらを強化していくはずです。

　受験やその他の学習において、この**部分の準備**が不足しているということは非常に多いのです。武器をそろえずに、いきなり難しい問題に挑んでは、歯が立ちません。

　毎日何時間も勉強しているのに成績が上がらないというので、単語の習得状況を確認してみると、高校の授業で習うような単語でも半分

しか当たらない、文法も一通り学習していないというのでは、どんなに詳しい参考書を使っても、ただ眺めているだけと変わりません。

必要なこと全部を、簡単なところから**順番に**仕上げていく。このような当たり前のことが、なかなかできない人が多いのです。

まずは、武器をそろえるということを徹底していきましょう。

## 2.　長文が読める、解ける

武器をそろえた上でも、いざ長文を読んでみると、長文読解ができないという人はいませんか？

そういったときに私は、ある一つの質問をします。

それは、「長文は読めないの？　それとも読めているのに解けないの？」という質問です。

長文が**読めない**ということであれば、英文が正確に読めていない、つまりこれまでやってきた基礎が、まだ完璧でないか、実戦練習の不足で、使いこなせていないということになります。

この場合は、今までの参考書の復習をした上で、長文をある程度読みこなし、長い文章に慣れていく必要があります。

長文が**解けない**ということであれば、それは日本語でも解けないということです。つまり、読解力や国語力といった英語だけの問題ではない部分で課題があるということになります。

この場合には、解答の根拠の探し方や選択肢の切り方といった部分

> **武田の極意**
> 英語は、暗記と基礎勉強の積み重ね、やがてある日突然、成績が上がる。

を向上させるための、英語の勉強というよりは国語の勉強に近くなります。

このように、「長文ができない」という問題の中でも、細かく分けていけば、一人ひとり**課題は違う**のです。

できないことを、できない理由まで分析し、できるようになるためには**何が必要**なのかを考えて、実行することが成績向上のカギです。

英語の長文は、英語の勉強の集大成なので、まず基礎を細かく分けて徹底的に鍛え、その上で挑み、できない場合には、理由を分析した上で対策をおこない、できるようにしていきましょう。

## 3. 初見の問題が解ける

私は、同じ参考書を何度も繰り返し、一冊を完璧にすることが、もっとも効率のいい方法だと繰り返していますが、それだけでは入試で合格点が取れないことも多いでしょう。

というのも、実際の入試問題は、**初めて見る問題**に挑むことになるためです。

解くのに必要な知識自体は、これまでの参考書でそろっていたとしても、本番でのプレッシャーや、その場で考えなければいけないこと、やったことと少し形が違うなどの理由から、今までの知識を使いこなすことができず、思ったような**結果が出せない人**がたくさんいます。

では、今までやった問題集と初見の問題の差は、どうやって埋めればよいのでしょうか？　ここで大事なのは「復習」です。
　いやいや、「さんざんやったじゃん！」と思うかもしれませんが、今までの復習とはちょっと違うのです。
　ここでいう復習とは、「初見の問題に挑み、実際の入試ではどのように聞かれるのかを知った上で、改めて参考書を復習し、志望校向けに知識を調整する」ということを指します。
　「参考書を完璧にするための復習」から、「入試で**合格点を取る****ための復習**」にやり方を変えていくことが必要となります。

　具体的に何をするのかというと、たとえば文法を例にとってみましょう。
　文法の問題集をやった段階では、文法は文法、語法は語法で分かれており、さらに文法の問題では、仮定法は仮定法、関係詞は関係詞とわかった上で解いています。
　しかし初見の文法問題では、すべてがランダムで、何が出るのかわかりません。そういった場合には、どこかで「この問題は、仮定法だ！」と気づく必要があります。
　初見の問題を解いた際に、それができないと解けないということを学びます。その上で、今までやっていた文法の問題集に戻ると、問題を解く際に**気にする部分**が、今までと変わっていることに気づくはずです。

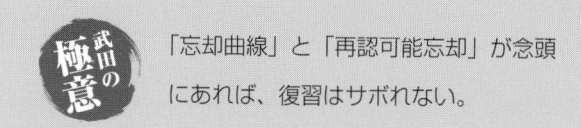

> **武田の極意**　「忘却曲線」と「再認可能忘却」が念頭にあれば、復習はサボれない。

　参考書で身につけることは、実力に応じて変わります。同じ参考書を繰り返すという行為でも、実は個人個人でかなり差があるのです。

　初見の問題を解くためには、今までの知識を使いこなすことが必要です。そして使いこなすためには、その参考書で止まっていてはいけません。

　一度完璧にし、より上のレベルの参考書や過去問に挑み、もう一度同じ参考書に戻って、新たな視点で**一段階上のレベルで復習**をし、完成を目指しましょう。

## 4.　志望校に合わせた対策ができる

　先ほどの、初見の問題の解き方で話したことの延長ですが、英語の入試問題は、大学や学部に応じた対策が必要な場合があります。英作文やリスニングなどのいわゆる分野別の対策です。

　英語の長文が、志望校に挑めるレベルになったら、過去問を解き、分野別に、どのような対策が必要かを調べてください。その上で、合格点を取るために必要で、**優先度**が高いものから対策をおこなうことになります。

　英作文やリスニングなどは、対策に時間がかかるうえ、やっておかないと点数を取ることが難しい分野です。それゆえ、早く対策に入ろうとする人が多いのですが、その対策自体の難易度が高いため、基礎が不十分な人が対策をしても、非常に効率が悪くなります。

**分野別対策**は、**仕上げの段階**です。志望校に挑める、または一つ下程度のレベルに挑める状態まで実力がついて、はじめて対策の必要が出てきます。

　焦って、いろんなことにまとめて手を出そうとせず、過去問に入れるようになったら対策を開始し、優先順位が高いものをできるだけこなしていきましょう。

　無理にすべての対策をこなそうとして、基礎をおろそかにしないように注意してください。

―――――― **まとめ** ――――――

英単語は最強にして必要不可欠な武器
参考書を完璧にする復習から、合格点を取る復習へ
仕上げ段階では分野別対策が必要になる

# 3. 過去問の使い方

---
**この章のポイント**
---

過去問は、初見問題に慣れることと、優先項目の判断材料。
何が必要かを知るためには、過去問は欠かせない。
過去問から、点数を稼ぎやすい分野を知り、徹底攻略。

---

## 1. 過去問を解いたら点数は上がるのか？

　過去問は何のために解くと思いますか？　過去問の問題がすべて解けたら、合格点は取れるのでしょうか？

　私は、それだけでは合格点を取れる可能性は非常に低いと考えています。なぜなら過去問で出た問題と同じ問題が出る可能性は、非常に低いからです。

　過去問を解く目的は、先ほどまで述べてきた、**初見問題に慣れる**ことと、志望校別に**どのような対策**が必要かを判断するためです。つまり、過去問を解けるようにするのがゴールではなく、過去問でこれからの課題を知り、合格までにやるべき復習と、やるべき追加の参考書を割り出すためのチェックポイントなのです。

　どんなに参考書をやりこんでいたとしても、過去問でいきなり合格点を取ることは難しいですし、点数が安定することもなかなかありません。確実に合格点を取れるようにするため、自分が点数を落とすう要素を徹底的になくしていく作業が**最後の仕上げ**となります。

　過去問はその作業を開始するためのツールであり、過去問で終わりと考えないようにしてください。

## 2. できない部分を分析しよう

　では、最後の仕上げのために過去問をどのように使えばいいのかを考えていきましょう。

　過去問を解いてみたところ、合格のためには8割の正答率が必要だとして、現時点では6割が取れているとします。その場合、残りの4割の中で取れそうな部分はどこなのかをまず考えます。

　ここで、点数が**稼ぎやすい**のは、すでにやっている参考書のやりこみで対応できる部分と、まだ対策をおこなっていない分野です。

　入試の問題の中には、どうしても取れないような非常に難易度の高い問題もあります。もちろんできるだけいい点数を取るに越したことはないのですが、対策しきれるものからやっていかないと、すべてが中途半端で終わってしまう可能性が高いのです。

　そのため、今までの参考書の完成度を引き上げれば取れる部分と、難易度の問題ではなく、形式に合わせた学習をしていないために解けない分野は、やればできる**可能性が高い**ため、優先度が高くなります。これらを完璧にした時点で、合格点が取れるのであればそれでよし、さらに点数が必要なのであれば、何が必要なのかをまた過去問を解いて分析します。

　このように、いきなりすべての対策をするのではなく、こまめに過去問を解き、優先度が高いものから**順々に**こなしていくことが、合格への最後の仕上げとなります。

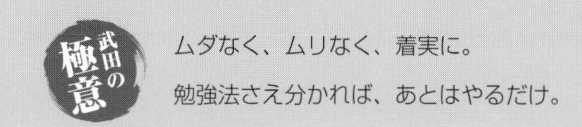

**武田の極意**　ムダなく、ムリなく、着実に。
勉強法さえ分かれば、あとはやるだけ。

　あれもこれもとすべての問題に手を出した結果、どれも中途半端に終わってしまい、結局対策に使った時間が無駄になってしまうのでは、意味がないのです。

　入試本番で確実に合格点を取るためには、どんなに失敗しても合格圏内に抑えるという**最低点の向上**が必須となります。これを、調子いい時は満点が取れるような「最高点の向上」を優先した場合、点数が5～9割のように、非常にリスクが高い得点力となってしまいます。

　本番当日にすべての科目が、最もいい点数を取れる可能性は、非常に低いのです。合格できる人は難しい問題が解けることももちろんですが、それ以上に簡単な問題で絶対に間違えません。取れる問題は確実に取り、ケアレスミスをしないからこそ受かるのです。

　過去問の演習とは、こういった落としうる要素を無くし、**合格点**を常にとれる実力を身につけることためにやるべきことを知り、参考書に戻る、あるいは新しい参考書を完璧にすることが目的なのです。

　では、過去問などをやらずに、今までの参考書をひたすらやって完璧にすればいいのではないか？　と思う方がいるかもしれませんが、それだけでは足りません。

　なぜかといえば、参考書を完成させることは、その参考書をやっているだけでは難しいからです。一例として、社会の教科書をあげます。

　社会、特に世界史や日本史は教科書の完成度が高く、教科書さえ完璧に頭に入っていれば、ほとんどの大学で合格することができます。

　しかし、教科書を読んでいるだけで、きれいに内容が頭に入ってく

る人はほとんどいないのではないでしょうか？

　必要とされる知識とその使い方は、問題として**聞かれて初めて**わかります。学校のテストには学校のテストの、センター試験にはセンター試験の、東京大学には東京大学の求める知識の完成度があります。

　問題にあたってみて、「なるほど、こうやって聞いてくるのか」と学び、その上でもう一度やっていた参考書や教科書に戻ると、それまでと見方が大きく変わっていることに気づくはずです。

　たとえ最初から書いてあることであっても、それが重要であるということに気がつかないと、書いてないも同然になってしまうのです。

　過去問で勉強の仕方を知り、新しい視点でもう一度参考書をやり直す。そうすることで初めて志望校に必要とされるレベルで自分の学力が完成するのです。

　つまり過去問の演習とは、自分の実力が**志望校に届いているか**を図るための目安であり、同時に自分の今後の勉強の指針となってくれる道標でもあるのです。**過去問の役割**を知り、自分がこれから何をするべきかを学べば、合格までの道は見えるはずです。

──────────── まとめ ────────────

過去問は、最後の仕上げの出発点
過去問から、受験対策の優先度を見極める
優先度の高いものから順々に仕上げて行く

# 4.「受かりそうな人」と「受かる人」

---
### この章のポイント
---

受かりそうで受からない人と本当に受かる人の違い。
致命傷の最多は、取れるはずの点数を落とすこと。
完成度を上げないと、「本当に受かる人」になれない。

---

## 1.「できる」の基準

　ここでは、「受かりそうで受からない人」と、本当に「受かる人」にはどのような差があるのかについて話していきたいと思います。

　過去問などを解いていて、合格点まであと少しなのに、あるいは普段は届いているのに、いざ本番になると合格できない。そんな人はいませんか？

　この差には、わずかに見えて非常に大きな差があります。

　受かるためには何が必要かと問われれば、どんなときでも安定して合格点が越えられることが必須、としかいいようがありません。

　そのためには、**どんなに失敗しても合格点を超える**ことができ、良いときと悪いときの**点数のバラつきが小さい**ことが重要です。

　「受かりそうな」人というのは、「良いときは合格点を超えることがあるけど、悪いときは大幅に点数が落ちる、安定しない状況」といえます。

　運よくすべての教科が調子いいときであれば受かることもあるでしょうが、全教科都合良くいくことは、そうそうありません。

また、点数が取れていると思っていても、いざ採点してみたらミスばかりという経験があるのではないでしょうか？
　本当に「受かる人」たちは、まずミスをしません。取れるところは**確実に**取っていきます。
　一方、「受かりそうな」人たちには、いわゆるケアレスミスといわれる、ささいなミスがよくあります。
　ケアレスミスというのは、取れるはずの点数を落とすという、一番やってはいけないミスです。入試で合格するためには、自分が取れる問題は落とさず取り、その点数が合格点を上回ることが目標となります。
　この場合、正解できると確信できる問題が多ければ多いほど、そしてそれが100％に近い確率で取れるほど、**合格の可能性**が高まります。
　取れるはずの問題で落としてしまえば、他の人が解けないような難しい問題で点数を稼がなければならないことになります。
　「受かりそうな人」と「受かる人」の差は、実はこの部分なのです。
　つまり、同じような問題を解くことができ、良いときの点数があまり変わらないにも関わらず、点数の振れ幅の大きさで、合格の可能性が分かれているのです。
　これは、普段の参考書のやり込みや、完成度に対する**意識の差**などの積み重ねがもたらすものです。
　センターの英語で例えると、160点が取れるという人の中でも、「良いときは160点が取れる人」、「常に160点は超える人」、「一度だけ超

> **武田の極意**　結果を出せる勉強法を知ることが、「受かる人」になるための決め手。

えただけで普段は6割の人」では、置かれている状況がまったく異なります。

　合格のために160点が必要なのであれば、「常に160点を超える人」を目指さなければいけません。ここまで仕上げて、初めて**できる**という基準を満たすのです。

## 2.「受かりそうな人」の中で差をつけるためには

　では、先ほど述べたような「受かりそうな人」から「受かる人」にレベルアップするためには、何が必要でしょうか？

　基本にして究極なのは、すべてにおいて完成度を上げることです。

　参考書を完璧にし、過去問や模試に挑み、自分が取れたはずの最高点と実際に取った点数の差を分析し、できる限りその差を埋めていきます。

　自分が取れると思った問題を、**確実に正解に**することを心がけてください。

　完璧さを求め始めると、今までの自分の勉強の甘さが今一度実感できると思います。ただひたすら、知識を入れていくだけの時期とは違い、本当の意味での**完成を求めていく**段階になります。

　一冊を完璧にすることは、その参考書だけでは完成しません。最終目標である志望校の問題や同レベルの演習を通して、**最後の仕上げ**をしていくのです。

　合否を分ける1点は、実は**取れるはず**の1点なのです。その1点

を確実に取るために、本当の意味での完成を目指しましょう。

## 3. 難しい1点のために、簡単な5点を落とす

　過去問のやり込みにおいて、意外とできる人が**陥りやすい**パターンがこれです。

　合格の可能性を上げるためといって、どう考えても取るのに非常に時間がかかりそうなところに全力を注いだ結果、本来みんなが取れるはずの問題を落とし、結果として点数を下げてしまうという、非常に悲しいパターンです。

　入試における鉄則として、「他の人も取ってくる問題は、絶対に落とさない」ということがあります。できるだけ簡単な問題だけを取って、合格点に届かせるほうが、合格の**可能性は高い**のです。

　難関の大学に入りたいといって、難しい問題ばかりやっていては、決して合格はできません。むしろ受かる人ほど、ありえないほど基礎の完成度は高いのです。

　誰でも取れる5点は必ず取り、誰も取れない1点には極力**手を出さない**、合格のためにできる最大限の点数を取れるようにしていきましょう。

---
**まとめ**

---

点数を取れる部分は、確実に落とさない
入試では、ケアレスミスが一番怖い
一つひとつ完成度を上げると「本当に受かる人」になる

---

# 5. 英語のやり方がわかったら

---
### この章のポイント
---

英語の勉強法が分かれば、他教科の攻略法も見えてくる。
やり方が分かれば、次はスケジュールを決める。
合格まで、逆算方式で計画を立てる（立てたら悩まない）。

---

## 1. 他教科の勉強にどう活かすか

　ここまでをとおして、英語の勉強法を徹底的に伝えてきました。
　英語を完成させることができたのであれば、ほかの教科も必ず完璧に仕上げることができます。というのも、基本的な考え方は、英語も他教科も変わらないのです。
　基礎をそろえ、簡単な入試問題から難しい入試問題へとレベルを上げていく、それだけのことです。その基礎が、教科ごとに変わるというだけです。

　数学であれば計算力や、解答を記述で完璧に書けるようにする。国語の読解問題であれば、正解がなぜ正解になるのかを説明できるようにするなど、使う参考書や分野ごとに目標を決め、それを一つひとつ完璧にする。
　正しいやり方でしっかりやり込めば、誰だって成績を劇的に上げるのは不可能ではないのです。
　ただし、どこから始めればいいのかは個人差があります。

英語でいえばappleやdeskのようなカタカナでも使うような単語しかわからない人もいれば、センター試験の英語程度であれば解けるという人もいます。ここでついている差は、結局今までにやっている量の差にすぎません。
　現時点で成績がいい人は、すでにそれが終わっているから成績がいいのです。だからこそ、追いついて追い抜くためには、その人たちよりも**速いペース**で力をつけていかなければいけません。
　同じことをやっていては、最初にあった差は決して埋まらず、勝てないのです。

　それを覆すために勉強の仕方を知り、努力に対し、最大の効果がある勉強法を伝えてきました。
　数学で中学内容からわからなくても、社会でナポレオンくらいしか歴史の人物を知らなくても、国語で現代文を読んでも全く意味が分からなくても、やるべきことをやれば絶対に何とかなります。
　身についていないのであれば、今から身につければいいのです、それをやれるだけの時間は誰にでもあります。

　私たちはそういった**逆転**を何度も見てきました。
　逆転というと特別なやり方をしたみたいですが、結局、**必要な量を人より早く**終わらせたにすぎません。どんな状況であれ、どんな目標であれ、やり方はあるのです。

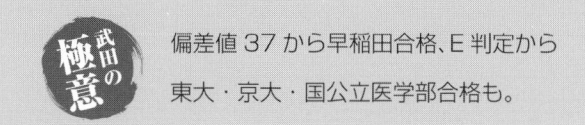

**武田の極意** 偏差値37から早稲田合格、E判定から東大・京大・国公立医学部合格も。

## 2. スケジュールを立てよう

　各教科のやり方が分かったら、次はそれを**いつまでに**やればいいのかを考える必要があります。

　まずは入試日程から逆算し、入試1か月前までに何をするのか、そこから下って、秋の間に何をするか、夏は？　春は？　と志望校までの日にちから、逆算して計画を立てていきます。

　私が目標を達成する目安として掲げているのは、夏の終了時点（8月末）までに、志望校の**一つ下のレベル**まで、参考書を仕上げることが、目標の大学に対して順調に進んでいる**目安**です。

　この目標をもとに、では今月は何をやり、今週は何をやり、今日は何をやるのかを決めていきます。

　ここまで計画を立てることができれば、自分の勉強に迷いがなくなります。あとはやれば、自分が努力できれば、受かることができるという確信が持てるはずです。

## 3. 合格までの道が見える！

　勉強法を知り、合格までにやるべきことを決めることができれば、この本を手に取ったときとは、まったく違った視界が広がっているはずです。

　いつまでに何をどのようにやればいいのか、私は自分自身が受験するとき、それにずっと悩んできました。やればできると言われても、その「やれば」が、何をどのようにやればいいのかが分からなかったのです。

この本を読んでくれている人には、そんな苦労はしてほしくないのです。夢のかなえ方を伝え、あとは自分自身がやりさえすれば、誰でもどんな夢でもかなえられる、私はそう考えています。

　今回は英語という教科の勉強法をとおして、そのすべてを徹底的に伝えてきました。
　今この本を読んでいる人は、もう自分の勉強のやり方がわかったはずです。**やればできる**のです、才能などではなく、本人のやる気と実際の努力で未来は変わります。

　この後に、武田塾で選び抜いた段階別・分野別の参考書を紹介します。
　一冊の参考書でも、全部を一気にやるべきものと、学習の順序をムダのないものにするために、部分的に取り組むべきものがあります。自分の実力段階、攻略すべき分野を見極め、使う参考書を選定してください。
　後は、あなたの努力次第で、飛躍的に成績が伸びることでしょう。

―――――― まとめ ――――――

基礎から応用へ、無理なく、無駄なく、着実に
勉強法を知ったら、合格までにやるべきことを決める
使う参考書を決め、目標を定めれば、あとは脇見をしない

# 実践編1　自分に最適な一冊を見極める
## 実力段階別、参考書の選定

## あなたの実力は、どの段階？

　先ずは自分の実力を見極め、完璧にこなすべき参考書を決めます。幾度も繰り返して紹介しているように、**一冊を完璧にこなすことが一番大切**です。実力判定の大ざっぱな目安は、下記の通りです。

① 英語をどうやって勉強したらいいかわからない。
② 単語、熟語、文法、構文などで完璧に仕上がった参考書がない。
③ 模試を受けても時間内に長文が読み終わらない、正確に訳せない。
　　　⇒**第一段階から始める**（日大、センターレベルの学習）

① どこから出されても正解できるほどやりこんだ参考書がある。
② センター試験で時間内に解き終わり、8割以上が取れている。
　　　⇒**第二段階の徹底攻略**（MARCHレベルの学習）

① 500字を超える、センター試験より難易度の高い長文も読める。
② 記述でもマークでも、コンスタントに偏差値60は超えられる。
　　　⇒**第三段階へ進む**（早慶、東大レベルの学習）

# 第1段階（単語・熟語）

---

単語・熟語

### システム英単語

駿台文庫

【解く部分】1章　2章

【問題数】1200個

【使い方】赤字の意味を1つ答えられるようにする。ミニマルフレーズはミニマルフレーズの形しかない単語以外は使用しなくてよい。一度完璧になった後も定期的に復習し、ずっと正解率を保てるようにする。

【テスト方法】やってきた範囲からランダムで出題。意味が答えられればOK。

---

単語・熟語

### 速読英熟語

Z会出版

【解く部分】熟語　構文

【問題数】60テーマ

【使い方】熟語と構文については、1日3テーマ、週12テーマのペースで、1〜60までの熟語と構文のページを行い、長文は使用しない。システム英単語の1、2章が終了後開始する。和訳については1日3テーマ、週12テーマのペースでＳＶＯＣを振ったうえで訳が言えるようにする。シャドーイングについては1日1テーマ、週6テーマのペースで別売りのCDを使いながら、シャドーイングを行う。まずはCDについていけるように。それができたら、そのスピードで訳せるように。毎日継続する。

【テスト方法】やってきた範囲からランダムで出題。意味が答えられればOK。

# 第1段階（文法）

## 総合英語 Forest
### 6th edition

文法

桐原書店

【解く部分】×

【問題数】×

【使い方】文法の不明点がある際取り組む参考書。基礎でわからないことがあれば、はじめからていねいに読み直す。

【テスト方法】実施しない。

## Next Stage 英文法・語法問題
### 3rd edition

文法

桐原書店

【解く部分】Part1 Part2 Part4

【問題数】20 テーマ

【使い方】Part1(文法)、Part2(語法)、Part4(会話)に取り組み、熟語は飛ばす。残りの部分はセンター試験や模試の直前に行う。問題は選択肢ではなく単語で答えられるように。右側ページは理解とともに暗記事項も覚える。

【テスト方法】解いてきた範囲からランダムで出題。解答の根拠も右側ページに書いていることぐらいは言えるようにしましょう。

# 第1段階(文法/和訳)

## 文法

### "毎年出る"頻出 センター試験
英文法・語法　　　　　　　　　　　　　　日栄社

【解く部分】全て
【問題数】256題

【使い方】必ず初見で一度解いてください。センター試験の過去問で実際に出題された問題を丁寧に解説している。今までに学習した文法のセンター試験での出題傾向を確認・正解する。

【テスト方法】解いてきた範囲からランダムで出題。

## 英文解釈・和訳

### 英文解釈の技術100
　　　　　　　　　　　　　　　　　　　桐原書店

【解く部分】例題
【問題数】100題

【使い方】まずは自力で構文を振ったうえで訳してください。その上で解説を読み、読み方をしっかり確認し、最終的に自分で構文がふれたうえで訳せて、直訳が出来るようにしてください。解答の訳はかなり意訳になっているため、暗記では意味がないので注意してください。

【テスト方法】解いてきた範囲からランダムで出題。

# 第1段階（長文）

―― 長文 ――

## 大学入試 英語長文 ハイパートレーニング
### レベル2 センターレベル編　　　　桐原書店

【解く部分】全て

【問題数】12 テーマ

【使い方】センターより易しめ。解説と同様の構造分析(SVOCを振る）が自力でできるまで練習する。ただ全訳ができるだけではこれ以降の長文で苦戦する可能性が高い。「次に解いたときに すべての問題に根拠をもって答えられるようにする」ことを心がける。わからない単語、熟語はルーズリーフでまとめる。付属CDはシャドーイング用の教材として使用する。

【テスト方法】問題を解いたうえですべての文章に構文を振っていきましょう。問題に正解ができるだけでやめてしまわないようにしてください。

―― 長文 ――

## やっておきたい英語長文 300
　　　　　　　　　　　　　　　河合出版

【解く部分】全て

【問題数】30 テーマ

【使い方】センター程度の難易度。ただ全訳ができるだけではこれ以降の長文で苦戦する可能性が高い。「次に解いたときに すべての問題に根拠をもって答えられるようにする」ことを心がける。わからない単語、熟語はルーズリーフでまとめる。この参考書は各段階の突破の目安となっているので、この文章が読めないようであれば参考書を追加する。

【テスト方法】解いてきた問題の中からランダムで出題。すべての問題が正解の理由を説明できるか確認してください。

# 第1段階（シャドーイング）

― シャドーイング ―

### 速読英熟語

Z会出版

【解く部分】長文

【問題数】50 テーマ

【使い方】熟語と構文については、1～60までの熟語と構文のページを学習し、長文は使用しない。システム英単語の1、2章が終了後開始する。和訳についてはＳＶＯＣを振ったうえで訳が言えるようにしてください。シャドーイングについては別売りのCDを使いながら、シャドーイングを行う。まずはCDについていけるように。それが出来たら、そのスピードで訳せるように。毎日継続する。

【テスト方法】実施しない。

第1段階の参考書

# 第2段階(単語・熟語／文法)

―― 単語・熟語 ――

## システム英単語

駿台文庫

【解く部分】1章 2章 3章

【問題数】1685 個

【使い方】赤字の意味を1つ答えられるようにする。ミニマルフレーズはミニマルフレーズの形しかない単語以外は使用しなくてよい。一度完璧になった後も定期的に復習し、ずっと正解率を保てるようにする。

【テスト方法】やってきた範囲からランダムで出題。意味が答えられればOK。

―― 文法 ――

## 全解説 実力判定 英文法ファイナル問題集
### 標準編

桐原書店

【解く部分】全て

【問題数】10 章

【使い方】入試標準レベルの文法問題。苦手な分野は専用の参考書で補強する。解説がかなり詳しいので熟読すること。

【テスト方法】解いてきた範囲からランダムで出題。

# 第2段階（長文）

## 英語長文 レベル別問題集 (5)

上級編　　　　　　　　　　　　　　　　東進ブックス

【解く部分】全て

【問題数】12 テーマ

― 長文 ―

【使い方】MARCH レベルの文章よりやや易しめの難易度。解説と同様の構造分析 (SVOC を振る）が自力でできるまで練習する。ただ全訳ができるだけではこれ以降の長文で苦戦する可能性が高い。「次に解いたときに すべての問題に根拠をもって答えられるようにする」ことを心がける。わからない単語、熟語はルーズリーフでまとめる。

【テスト方法】問題を解いたうえですべての文章に構文を振っていきましょう。問題に正解ができるだけでやめてしまわないようにしてください。

## "毎年出る" 頻出 英語長文

　　　　　　　　　　　　　　　　　　　日栄社

【解く部分】全て

【問題数】30 テーマ

― 長文 ―

【使い方】MARCH レベルの標準的な難易度。解説がかなり詳しいので、解き終わった後は必ず熟読する。すべての問題に対して根拠を持って解答が選べるようにする。

【テスト方法】解いてきた問題の中からランダムで出題。

# 第2段階（長文／シャドーイング）

### 長文

## やっておきたい英語長文 500

河合出版

【解く部分】全て

【問題数】20 テーマ

【使い方】MARCH の標準的な問題～難しめの問題の難易度。ただ全訳ができるだけではこれ以降の長文で苦戦する可能性が高い。「次に解いたときにすべての問題に根拠をもって答えられるようにする」ことを心がける。わからない単語、熟語はルーズリーフでまとめる。この参考書は各段階の突破の目安となっているので、この文章が読めないようであれば参考書を追加する。

【テスト方法】解いてきた問題の中からランダムで出題。すべての問題が正解の理由を説明できるか確認してください。

### シャドーイング

## 速読英熟語

Z会出版

【解く部分】長文

【問題数】50 テーマ

【使い方】熟語と構文については、1日3テーマ、週12テーマのペースで、1～60までの熟語と構文のページを学習し、長文は使用しない。システム英単語の1、2章が終了後開始する。和訳については1日3テーマ、週12テーマのペースでＳＶＯＣを振ったうえで訳が言えるようにする。シャドーイングについては1日1テーマ、週6テーマのペースで別売りのCDを使いながら、シャドーイングを行う。まずはCDについていけるように。それが出来たら、そのスピードで訳せるように。毎日継続する。

【テスト方法】実施しない。

# 第3段階（単語・熟語／文法）

― 単語・熟語 ―

### システム英単語

駿台文庫

【解く部分】1章 2章 3章 4章 5章

【問題数】2197個

【使い方】赤字の意味を1つ答えられるようにする。ミニマルフレーズはミニマルフレーズの形しかない単語以外は使用しなくてよい。一度完璧になった後も定期的に復習し、ずっと正解率を保てるようにする。

【テスト方法】やってきた範囲からランダムで出題。意味が答えられればOK。

― 文法 ―

### 全解説 実力判定 英文法ファイナル問題集

難関大学編　　　　　　　　　　　　　　　　　桐原書店

【解く部分】全て

【問題数】10テーマ

【使い方】入試標準レベルの文法問題。苦手な分野は専用の参考書で補強。解説がかなり詳しいので熟読すること。

【テスト方法】解いてきた範囲からランダムで出題。

# 第3段階（解釈・和訳／長文）

― 英文解釈・和訳 ―

## ポレポレ英文読解プロセス50

代々木ライブラリー

【解く部分】全て

【問題数】50題

【使い方】難関大向けの英文解釈の参考書。この内容が完璧になれば大抵の大学では困らない。構文を取った上で訳し、解いた後は読解プロセスを確認する。

【テスト方法】解いてきた例題の中からランダムで出題。文構造を答えたうえで和訳ができるかどうか確認してください。

― 長文 ―

## 大学入試 英語長文 ハイパートレーニング

（レベル3）難関編

桐原書店

【解く部分】全て

【問題数】12テーマ

【使い方】早慶の非看板学部の標準的な問題程度のレベル。解説と同様の構造分析 (SVOCを振る) が自力でできるまで練習する。ただ全訳ができるだけではこれ以降の長文で苦戦する可能性が高い。「次に解いたときに すべての問題に根拠をもって答えられるようにする」ことを心がける。わからない単語、熟語はルーズリーフでまとめる。 付属CDはシャドーイング用の教材として使用する。

【テスト方法】問題を解いたうえですべての文章に構文を振っていきましょう。問題に正解ができるだけで終わりにしないでください。

# 第3段階（長文）

---

長文

**大学入試 よく出るテーマ
読み解き 英語長文 500**　　　旺文社

【解く部分】全て

【問題数】14 テーマ

【使い方】早慶非看板レベルの標準的な難易度。本文の解説がかなり詳しいので、解き終わった後は必ず熟読する。すべての問題に対して根拠を持って解答が選べるようにする。

【テスト方法】解いてきた問題の中からランダムで出題。

---

長文

**やっておきたい英語長文 700**

河合出版

【解く部分】全て

【問題数】16 テーマ

【使い方】早慶の標準的な問題〜難しめの問題の難易度のレベル。ただ全訳ができるだけではこれ以降の長文で苦戦する可能性が高い。「次に解いたときにすべての問題に根拠をもって答えられるようにする」ことを心がける。わからない単語、熟語はルーズリーフでまとめる。この参考書は各段階の突破の目安となっているので、この文章が読めないようであれば参考書を追加する。

【テスト方法】解いてきた問題の中からランダムで出題。

# 第3段階（シャドーイング）

## 速読英熟語

シャドーイング

Z会出版

【解く部分】長文

【問題数】50テーマ

【使い方】熟語と構文については、1日3テーマ、週12テーマのペースで、1～60までの熟語と構文のページを学習し、長文は使用しない。システム英単語の1、2章が終了後開始する。和訳については1日3テーマ、週12テーマのペースでＳＶＯＣを振ったうえで訳が言えるようにする。シャドーイングについては1日1テーマ、週6テーマのペースで別売りのCDを使いながら、シャドーイングを行う。まずはCDについていけるように。それが出来たら、そのスピードで訳せるように。毎日継続する。

【テスト方法】実施しない。

第2段階の参考書　　　　　　　　第3段階の参考書

# 実戦編2　分野別対策のための参考書
## ══ 1点を惜しんで5点を失うな ══

## 1. 分野別対策とは？

　これまでに紹介してきた参考書を自分の志望校に必要なレベルまで完璧にすることができたら、いよいよ志望校に合わせた分野別の対策に入ります。

　分野別とは、どの大学でも共通で身につけなければならない単語や文法や長文読解とは違い、受ける大学、学部によって必要かどうかが分かれる問題のことです。

　英語は、他教科と比べると分野別対策が多く、**志望校に合わせて**対策をする必要があります。

　分野別対策には、必ずやっておかなければならない対策と、できればやっておきたい対策があり、特に二次試験に英語が出題される国立大学を志望する場合には、必ず対策が必要となります。

　分野別対策でやることは、基本的に難易度が高めのため、ある程度の実力がついた状態でないと、やっても消化しきれない可能性が高いのです。

　理想を言えば、志望校のレベルまでの参考書が終わってから対策に入ったほうがいいのですが、時間に余裕がない場合には、志望校の一つ下のレベルあたりが**終わってから**対策に入ってください。

## 2. どんな対策があるか？

　この参考書で紹介する分野別対策は、単語(難関単語・分野別単語)、英作文(和文英訳)、自由英作文、英文和訳、英文法(正誤問題・整序問題・会話問題)、要約問題、最難関大向け長文、リスニングです。

　まず単語は、分からない単語があると急に読めなくなる人向けの、単語力の強化のための参考書と、経済や医療など**テーマに沿った**単語があります。

　英作文やリスニングは、国立や私大の英語系の学部や難関大学で出題され、対策をしておかないと非常に厳しい分野です。

　英文和訳は、下線部和訳から京都大学で出題されるような難易度の高い和訳まで、**志望校に合わせた対策**となります。

　要約問題は、英語の文章を日本語で要約する問題で、東大などの国立の最難関大で出題されます。

　英文法の正誤問題・整序問題・会話問題は、私大で出題されることが多い、文法問題の中の難関分野です。

　最難関大向け長文は、非常に長い長文や、短いが難易度が高い長文など、今までの長文の練習だけでは対応しづらい問題の練習用の参考書です。

　これらの中で必要なものを、過去問を解くことで調べ、やるべきことをこなしていってください。

## 3. 分野別対策の注意点

　分野別対策をする際に気をつけてほしいのは、「すべてを無理にやろうとしない」ことです。

　先ほど上げた、すべてをやらなければいけないような大学はありませんし、分野別の前にやった単語や文法や長文ができることが大前提です。

　すごく難しいことができるのに、合格できないという人にありがちなのが、このパターンです。

　分野別対策はすべてをこなすのではなく、過去問を解いたうえで、できなければ合格点に達しない場合や、余裕がある人が**さらに点数を稼ぐため**にやることです。

　前に述べた1点を惜しんで5点を落とすというのは、こういったところが最も危険なので、すべてをやろうと**無理をしない**ように注意してください。

分野別対策で使う参考書

# 分野別参考書

――― 難関単語 ―――

### 速読英単語 (2)

上級編　　　　　　　　　　　　　　　　　　　　Z会出版

【解く部分】英文・和訳ページ　単語ページ

【問題数】50 テーマ

【使い方】軸となる単語帳を一冊仕上げたうえで、追加でやる単語帳。あまり出てこない単語を周りの文章から読み取る練習をする。まずは単語の意味を覚える前に、長文を読んで意味の分からない単語があっても読み通す。その上で、意味を知らなかった単語は覚える。単純な単語の暗記だけではなく文章部分もしっかり読むこと。

【テスト方法】覚えた範囲からランダムで出題。単語のテストのみ実施する。

――― 分野別単語 ―――

### 話題別英単語

リンガメタリカ　　　　　　　　　　　　　　　　Z会出版

【解く部分】Phrases & Passages Related Words & Phrases

【問題数】61 テーマ

【使い方】軸となる単語帳を一冊仕上げたうえで、追加でやる単語帳。分野別の練習用なので、理系の学部などで専門用語が出る場合にはやっておきたい。すべてをやる必要はないので、自分が受ける予定の志望校の過去問を調べて関連のあるテーマの部分をやってください。

【テスト方法】覚えた範囲からランダムで出題。単語のテストのみ実施する。

# 分野別参考書

---- 和文英訳（練習）----

## 大学入試 英作文 ハイパートレーニング
### 和文英訳編　　　　　　　　　　　　桐原書店

【解く部分】Lesson 復習問題 入試問題に try

【問題数】79 テーマ

【使い方】この参考書は二種類の使い方を同時並行で行う。①一つは Lesson、復習問題、入試問題に try！で書き方を学び、実際に練習をしていく Lesson は初見で解くのは難しいため、最終的に自力で書けるようにする。ほかは初見でも書けるか練習したうえで、添削を行う。②もう一つは語法文例とテーマ別文例を用いて、例文暗記を行う。志望校が自由英作文だけが出る場合でも和文英訳はこなしておくこと。

【テスト方法】解いてきた範囲からランダムで出題。

---- 和文英訳（暗記）----

## 大学入試 英作文 ハイパートレーニング
### 和文英訳編　　　　　　　　　　　　桐原書店

【解く部分】語法文例 テーマ別文例

【問題数】165 題

【使い方】この参考書は二種類の使い方を同時並行で行う。①一つは Lesson、復習問題、入試問題に try！で書き方を学び、実際に練習をしていく Lesson は初見で解くのは難しいため、最終的に自力で書けるようにする。ほかは初見でも書けるか練習したうえで、添削を行う。②もう一つは語法文例とテーマ別文例を用いて、例文暗記を行う。志望校が自由英作文だけが出る場合でも和文英訳はこなしておくこと。

【テスト方法】解いてきた範囲からランダムで出題。

# 分野別参考書

― 自由英作文 ―

## 大学入試 英作文 ハイパートレーニング

自由英作文編

桐原書店

【解く部分】全ての問題

【問題数】31 題

【使い方】自由英作文の練習のための参考書。この参考書の前に和文英訳の参考書を仕上げておく。模範解答と同じ解答を暗記して書けるようにしてもあまり意味はないため、自分なりの解答を書けるように添削をしながら練習していく。第一部に関しては必要であれば事前に読み、問題演習に入った後も読み返すようにする。

【テスト方法】実施しない。解答を確認し、解説を参考にしながら修正する。

― 英文和訳 ―

## 英文和訳演習

中級篇

駿台文庫

【解く部分】全ての問題

【問題数】24 題

【使い方】難易度の高い和訳問題を練習するための参考書。長文の問題集でも和訳は出てくるので、それでは足りない人の追加用。解答の基準もあるので、しっかり目を通し、点数がもらえる解答を書けるようにする。

【テスト方法】解いてきた範囲からランダムで出題。

# 分野別参考書

## 大学入試 最難関大への英文法
［正誤問題編］　　　　　　　　　　　　　桐原書店

【解く部分】全ての問題

【問題数】152題

【使い方】文法問題の中でも正誤問題に特化した参考書。問題数が少ない分、解説が詳しいため、どこで正解を見極めるかをしっかり確認する。

【テスト方法】解いてきた範囲からランダムで出題。

## スーパー講義 英文法・語法
正誤問題　　　　　　　　　　　　　　　　河合出版

【解く部分】全ての問題

【問題数】51テーマ

【使い方】正誤問題を演習するための参考書。かなり量が多い分、そこまで解説が詳しいわけではないので、ある程度正誤問題の解き方がわかっている必要がある。正誤問題は文法の仕上げになる部分なので、講義用の参考書も復習用に使用しながら、解答を確認する。

【テスト方法】解いてきた範囲からランダムで出題。

# 分野別参考書

---

**整序**

## 英語 整序問題 精選 600

河合出版

【解く部分】全ての問題

【問題数】600 題

【使い方】文法問題の中でも整序問題に特化した問題集。解き終わった後は正しい形に並べなおした文章を音読して、正しい形を定着させる。解説はそれほど詳しくないため、講義用の参考書を併用して、確認するようにする。

【テスト方法】解いてきた範囲からランダムで出題。

---

**要約**

## 英文解釈要約精講

開拓社

【解く部分】例題 EXERCISES

【問題数】45 題

【使い方】要約の練習用の参考書。要約のためだけの単独の長文が出題されている。文章はそれほど長いわけでもなく、難易度もそこまで難しいものではないので、どうまとめるかというルールをしっかり学習し、点数がもらえる解答になるように練習しておく。

【テスト方法】解いてきた範囲からランダムで出題。

# 分野別参考書

---

要約

**Top Grade 難関大突破**

英語長文問題精選　　　　学研マーケティング

【解く部分】全ての問題

【問題数】15題

【使い方】長文問題の中で出題される要約問題の練習のための参考書。要約だけのための文章と違い、文自体が長く、難易度が高いため、長文問題の練習も兼ねる。解説が非常に詳しいため、しっかり目を通し、納得がいく回答が書けるようにする。

【テスト方法】解いてきた範囲からランダムで出題。

---

難関長文

**よく出るテーマ**

読み解き 英語長文 800　　　　旺文社

【解く部分】全ての問題

【問題数】12題

【使い方】最難関レベルの大学を目指す人向けの長文の参考書。解説が非常に詳しく、テーマごとに情報もあるので、仕上げにやる長文の中では最初にやっておきたい。

【テスト方法】解いてきた問題の中からランダムで出題。

# 分野別参考書

――― 難関長文 ―――

## 最高レベルの学力養成 ライジング
### 英語長文読解　　　　　　　　　　　　　　　桐原書店

【解く部分】全ての問題

【問題数】36 題

【使い方】最難関レベルの大学を目指す人向けの長文の参考書。国公立向け。設問の種類ごとに構成されており、解釈に関わる説明が詳しい。難関国立志望の人の仕上げ用。

【テスト方法】解いてきた範囲からランダムで出題。

――― 会話問題 ―――

## 英会話問題のトレーニング
### 　　　　　　　　　　　　　　　　　　　　　Z会出版

【解く部分】全ての問題

【問題数】45 テーマ

【使い方】会話表現の練習用の参考書。第1章、2章はセンターレベルのため、すでにできている人は飛ばしてもよい。3章はある程度長い会話文になる。基本ルートの文法の問題集にある会話文をやったうえで追加でやりたい人向けの参考書。

【テスト方法】解いてきた範囲からランダムで出題。

# 分野別参考書

―― 標準リスニング ――

## 大学入試 リスニングのトレーニング
### 必修編　　　　　　　　　　　　　　　Z会出版

【解く部分】全ての問題

【問題数】18 題

【使い方】リスニングの練習用の参考書。様々な種類の文章を扱っている。基本的には毎日解き、解いた後に英文も確認する。終わった後はシャドーイングかディクテーションを行い、すらすら読めるようにしておく。

【テスト方法】実施しない。

―― 標準リスニング ――

## 大学入試 リスニングのトレーニング
### 上級編　　　　　　　　　　　　　　　Z会出版

【解く部分】全ての問題

【問題数】20 題

【使い方】難関大学向けのリスニングの練習用の参考書。様々な種類の文章を扱っている。基本的には毎日解き、解いた後に英文も確認する。終わった後はシャドーイングかディクテーションを行い、すらすら読めるようにしておく。英問英答の範囲に関しては必要な人だけでも良い。

【テスト方法】実施しない。

## 最後のアドバイス

　勉強法はあくまでも成績があがるための**9割のライン**。それでも勉強方法というのは、まだまだ奥が深いものなんだ。

　私のブログは2006年から毎日のように更新していても、まだネタが尽きていない。もっと詳しいことを知りたかったり、わからないことがあったりしたら、私のブログ「武田の受験相談所」を読んでほしい。それでもわからなかったら、**直接**相談においで……。私も勉強をどうしたらいいかわからなくて苦労したから、みんなの気持ちが良くわかる。少しでも力になれたら嬉しい。

　でもこの本を一冊読んで、もう早稲田・慶応に受かるような気がしてきたあなた。甘い！　実に甘い！　やり方はわかったとしても、これを実行するのがすごく難しい。やり方を**わかる**ことと、**実際にやる**ことには、大きな違いがあるんだ。

　毎週、ちゃんとこのペースを守って自学自習することができるかい？　絶対にさぼらないかい？　もし、きちんとできる生徒だったら、大事なところから丸暗記することができるはず……。それができないならば、きっと何かさぼり癖があるはずだ。

　効率は悪いけど、予備校の授業をしっかり聴いて、何も言われなくても復習をし、**一冊を完璧に**する生徒だったら、もう少し成績はいいはずだよね？

　だから、これからが本当の勝負だ。「勉強法を理解した」だけの段階では、まだまだ未完成の9割で、実際の成績アップにつながらない。

　授業を聴いただけでは、偏差値は伸びないよね？　予備校に通い続けても成績が伸び悩むよね。だから勉強法も、それをマスターしただけでは偏差値が伸びるわけない。しょせん勉強法は**9割**なんだ。

勉強法を私が紹介しただけで、みんなの偏差値を伸ばせるんだったら、いくらでも伝えてあげるけど、現実はそうはうまくいかない。
私にできるのは、「勉強のやり方をハッキリさせてあげる」ことだけ。あとは自学自習を実行するしかない。それが最後の**１割**だ。

実行するためには強い意志が必要だ。今はやる気になっても、これからの１年間は辛いかもしれないよ。
では、どうしてもさぼりそうになったら時はどうしたらいいのか？
毎週宿題をペースに合わせて出してくれて、ちゃんとやっているか管理をしてくれる先生を探すしかないね。勉強をやりっぱなしにしていないか、さぼっていないか、この勉強法どおりに勉強を実行できるか、**管理**してもらわないといけないよね。

さすがに、そこまでされたらさぼれない。でも、とりあえず一人で頑張ってみるべきだ。方法はわかったんだから、あとは本当にやるだけなんだ。確かに難しいことだけど、できないことではないからね。
今まで勉強ができていなかったのは「方法がわからなかったから仕方がなかった」っていうところはあるよね。だからとりあえず一人で**自学自習**してみるんだ！

**参考書一冊を完璧に**するんだ。私の話を理解しただけで終わらせることなく、ちゃんと実行するんだ！　そうすれば予備校なんていらない。塾もいらない。
まず頑張ってみよう。そしてこのペースどおりにできなかったり、わからないことが出てきたら、武田塾に相談においで……。最後の１割に自信がない人のために、武田塾の概要を紹介しておくよ。

# 日本初！ 授業をしない塾！
## それが武田塾だ

自学自習を徹底管理。できない受験生の逆転合格が専門です。

### 無料受験相談・入塾希望・お問い合わせ

☎ 0120-997-770（お茶の水本校）　　☎ 0120-518-132（市川校）
（平日 13:00～21:30／土曜 10:00～21:30）

---

**御茶ノ水本校**
〒113-0033
東京都文京区本郷3丁目4-4
　　　　イワサ＆Ｍｓビル2階
☎ 03-5840-7678

**市川校**
〒272-0034
千葉県市川市市川1-8-13
　　　　市川ファイブビル2階
☎ 047-323-5075

**津田沼校**
〒274-0825
千葉県船橋市前原西2丁目21-10
　　　　渡辺ビル3階
☎ 047-478-1607

**門前仲町校**
〒135-0047
東京都江東区富岡1丁目9-9
　　　　つるやビル2階
☎ 03-3642-9984

**ユーカリが丘校**
〒285-0859
千葉県佐倉市南ユーカリが丘1-1

☎ 043-463-9251

**あざみ野校**
〒225-0011
神奈川県横浜市青葉区あざみ野
2丁目2-15　　　石井ビル4階
☎ 045-909-4000

## 塾生一人ひとりに、個別カリキュラム作成

## まさかの宿題と連絡帳

## できるまで、徹底的に管理します

「逆転合格」を可能にするための、独学や自学自習の方法から、各教科の勉強方法、志望校対策など、さまざまなコンテンツをブログやHPで公開しています。

⇒武田塾で検索

キミが来るのを待っています

林　尚弘
武田塾塾長

中森泰樹
武田塾教務主任

→ 「個別カリキュラム」とは、塾生一人ひとりに対して、じっくりとカウンセリングをおこない、現在の成績、偏差値と得意教科・苦手教科を分析した上で、志望校合格に必要な教科ごとの参考書とその順番をすべて洗い出し、一年間のスケジュールと時間配分を明記したものです。

→ 一人ひとりの塾生が、自学自習が上手にできているかを徹底的に管理します。そのために、①毎日やるべき課題を「宿題」として明確に指定し、②特訓の開始時に「テスト」をおこなって修得状況を確認し、まさかの「連絡帳」を付けて学習記録を残します。

→ 勉強したつもり、頑張ったつもりだけでは、志望校合格は、夢のまた夢です。ムダなく、志望校合格のために何が必要なのかの道筋を「個別カリキュラム」で明示して、まさかの「宿題」と「連絡帳」で徹底管理し、特訓で「できる」まで徹底指導します。

# 受験相談（無料カウンセリング）

受験生それぞれに合った話を聞きたいということでしたら、無料カウンセリング（受験相談）を実施しています。

1. 直接相談　　お電話のうえ、最寄りの校舎にお出でください。
    - 御茶ノ水本校　：☎0120-997-770
    - 市川校　　　　：☎0120-518-132
    - 門前仲町校　　：☎03-3642-9984
    - 津田沼校　　　：☎047-478-1607
    - ユーカリが丘校：☎043-463-9251
    - あざみ野校　　：☎045-909-4000

2. Skype相談　　無料インターネット電話「Skype」を利用できます。
    （詳細はＨＰの「サイバー校」をご覧ください）

## 林 尚弘（はやし なおひろ）

予備校に言われるまま大量の授業を受講するも偏差値が全く伸びなかったことに疑問を抱く。大学1年生で株式会社A.ver（エイバー）を設立し代表取締役に就任。2ちゃんねる上での受験相談やブログ「武田の受験相談所」が大ヒット。武田塾を設立し塾長に就任。全国の受験生を対象に無料で受験相談にのり続ける。

[主な著書]
参考書だけで合格する法（経済界）
予備校に行っている人は読まないでください（宮帯出版）
超逆転"非常識"勉強法（エール出版社）
武田塾の医学部にすべらない話（エール出版社）

## 中森 泰樹（なかもり たいき）

武田塾の教務主任を務め、武田塾の数々の逆転合格の柱となる武田塾の全教科、全学年のカリキュラムを手掛けている。市販されているあらゆる参考書に目を通し、受験生に最適な参考書を選び、その参考書の最適な使い方を日夜研究している。ニコニコ動画で放送中の参考書最強伝説において、参考書ソムリエとして出演中。通信制高校精華学園御茶ノ水学習センターのセンター長としても活躍中。

---

### 大学受験は 勉強法が9割《英語攻略編》

| | |
|---|---|
| 初版第1刷 | 2013年11月1日 |
| 著者 | 林尚弘／中森泰樹 |
| 発行人 | 高石左京 |
| 発行所 | JPS出版局 |
| 発売元 | 太陽出版 |
| | 東京都文京区本郷4-1-14 〒113-0033 |
| | TEL: 03-3814-0471　FAX: 03-3814-2366 |
| カバーデザイン | 冨澤崇 |
| 本文DTP | 小島展明 |
| 印刷・製本 | シナノ |

©Naohiro Hayashi, 2013 Printed in Japan. ISBN978-4-88469-788-4

本書の一部、または全部を著作権法の定める範囲を超え、無断で複写、複製、転載などをすることを禁じます。